JUSTICE ET NAZISME

AF875963

Fidèle à sa volonté de maintenir vivant l'ensemble du catalogue et de continuer à rendre accessible à tous la richesse de son contenu, Les marques du groupe L'Harmattan proposent les ouvrages, même s'ils sont épuisés dans leur premier tirage, et les impriment à la demande.
Au vu de l'ancienneté de ce titre, un exemplaire original a été numérisé pour être réimprimé, ce qui pourrait altérer légèrement la qualité de certains passages.

THIERRY FERAL

JUSTICE ET NAZISME

Préface de Laurent Bignolas
journaliste à France 3-Paris

L'Harmattan
5-7, rue de l'École Polytechnique
75005 Paris - FRANCE

L'Harmattan Inc.
55, rue Saint-Jacques
Montréal (Qc) - CANADA H2Y 1K9

Collection ***Allemagne d'hier et d'aujourd'hui***
dirigée par Thierry Feral

L'Histoire de l'Allemagne, bien qu'indissociable de celle de la France et de l'Europe, possède des facettes encore relativement méconnues. Le propos de cette nouvelle collection est d'en rendre compte.
Constituée de volumes réduits et facilement abordables pour un large public, elle est néanmoins le fruit de travaux de chercheurs d'horizons très variés, tant par leur discipline, que leur culture ou leur âge.
Derrière ces pages, centrées sur le passé comme sur le présent, le lecteur soucieux de l'avenir trouvera motivation à une salutaire réflexion.

Illustration de couverture : La potence de Theresienstadt, photo Xavier Feral

©L'Harmattan, 1997
ISBN : 2-7384-5980-3

"C'est la loi qui doit régner
et non pas l'homme".
Fénelon, *Télémaque* (1699)

"Homme, tu n'es qu'un numéro,
et ce numéro s'appelle zéro".
Adolf Hitler

PRÉFACE

On croyait tout savoir ; on avait tiré un trait sur cette sombre période… Certes, on se souvenait encore de l'horreur et des principaux acteurs du drame, mais l'amitié européenne avait doucement refermé la plaie de cette Deuxième Guerre mondiale… Ça c'est peut-être ce que diront nos enfants, nos petits-enfants… Ce sera alors la certitude, la vérité d'une génération, la seule trace du cauchemar de ses ancêtres.

Aura-t-elle raison de ne pas se souvenir, d'oublier ?

Avant de lui laisser le choix de tourner ou non cette page de l'histoire, notre devoir est de l'initier au terrible et diabolique mécanisme mis en place par le pouvoir nazi.

Et c'est bien là qu'intervient Thierry FERAL… Dans ce nouvel ouvrage (comme dans ses précédents), il raconte, il explique, il dénonce comment dans les années vingt, un pays en crise s'est transformé en monstre, broyant tout sentiment et raisonnement humaniste, pour assouvir son désir de suprématie mondiale.

Justice et nazisme nous révèle les détails d'une douzaine d'années de régime totalitaire, les secrets d'une orchestration politique et sociale presque incroyable. Rien n'a été laissé au hasard, et chaque manœuvre qui a permis à Hitler et à sa bande d'assombrir notre siècle est expliquée dans les pages qui suivent.

La justice est en effet, l'un des piliers de cette odieuse politique : de l'homme qui la fait fonctionner, la manipule, aux textes qui la font vivre, on découvre une mécanique bien huilée... Une justice au service du Troisième Reich comme seuls l'ont été les plus fidèles soldats du Führer !

Alors nous voilà prévenus... Mais ce n'est qu'en lisant jusqu'au bout le travail minutieux de Thierry FERAL que l'on découvrira l'étendue de la perversion.

A l'heure où les idées d'extrême-droite gagnent 15% des électeurs (législatives 1997), à l'heure où l'Etat s'engage dans la réforme de son système judiciaire, il est impératif d'argumenter ses choix pour l'avenir, de pouvoir jauger, évaluer la puissance de la justice ainsi que "l'aide" qu'elle peut apporter à un pouvoir politique. C'est elle qui a construit, façonné l'Allemagne de Hitler... C'est elle qui peut construire la paix !

Remercions donc les éditions l'Harmattan d'avoir publié ce document de référence, outil indispensable pour comprendre, prévenir, tirer la leçon d'un passé toujours prêt à rebondir.

Laurent BIGNOLAS

INTRODUCTION

Dès son accession au pouvoir fin janvier 1933, le parti nazi entend rénover l'ordre social et établir de nouveaux rapports entre l'individu et l'Etat conformément à l'idéologie totalitaire raciste et impérialiste exposée par Adolf Hitler dans *Mein Kampf*. L'obligation faite aux *membres de la Communauté raciale populaire (Volksgenossen)*[1] de se soumettre à la volonté du Führer en tant qu'*expression absolue de la bonne santé du peuple allemand* (F. Gürtner / R. Freisler, 1936), se traduit au quotidien par une réglementation élaborée au coup par coup des actes du citoyen *(Staatsbürger)* qui abolit le droit à disposer de soi-même, à réagir à l'injustice, à défendre sa personne contre les agressions du système.

Exclus, selon les termes des points 4 et 5 du *Programme de la NSDAP*[2] de 1920, de la citoyenneté du fait qu'ils n'appartiennent pas à la *Communauté raciale*, les Juifs sont traités comme des "corps étrangers" et relèvent d'une *législation d'exception* (cf. Blau et Walk).

Il serait dès lors vain de vouloir faire référence à une quelconque **codification**. Dans ce concept hérité de la

---

1. Sous le troisième Reich, dénomination juridique des titulaires de la nationalité allemande.

2. Abréviation de Nationalsozialistische Deutsche Arbeiterpartei, parti ouvrier national-socialiste dirigé par A. Hitler à partir du 24 février 1920.

réception du Droit Romain, de la Philosophie des Lumières, du Code Napoléon, et dont la République de Weimar avait fait la pièce maîtresse de sa législation (cf. M. Pédamon, 1985) les idéologues nazis type Rosenberg ne voient qu'une importation étrangère, un produit du démocratisme judaïque, une corruption de l'âme et des moeurs du peuple germanique.

Se revendiquant de la tendance ultranationaliste de l'*Ecole historique* fondée par Savigny autour de 1815 en réaction à l'occupation napoléonienne, les hitlériens prônent le retour au *Droit naturel (Naturrecht).* On s'en remet donc "aux traditions germaniques considérées comme les dépositaires authentiques du sentiment populaire sain en matière de justice" et répudie "toutes les influences étrangères qui en avaient altéré le sens et la portée" (M. Pédamon). "La source du Droit", commente le sinistre Roland Freisler qui présidera à partir de 1942 la *Cour de Justice de la Communauté Raciale Populaire (Volksgerichtshof),* "le fondement des commandements et des interdictions juridiques, c'est la conscience de la Communauté raciale populaire". Et le professeur viennois Gleispach, après avoir défini cette *Communauté raciale* comme un ensemble d'êtres liés par une descendance et un héritage culturel commun, de préciser : "Notre point de départ n'est pas la liberté individuelle, mais l'intérêt de la totalité de la communauté" (cit. in Peters, 1965).

Ainsi, en hypostasiant l'entité raciale dont le *Führer* est la parfaite incarnation et le citoyen un infime fragment, le National-Socialisme nie la dimension personnelle de l'essence humaine. Le *Führer* seul étant à même, de par sa mission divine et ses dons illimités, de saisir les lois qui régissent l'histoire de son peuple, il est logique que le simple mortel participe à sa mesure à l'œuvre du guide providentiel et se plie à son vouloir *(Gefolgschaft)* pour le bien-être de l'Allemagne. Du même coup, "ce n'est nullement un problème juridique de premier plan de savoir si le Führer gouverne conformément à une constitution formelle et écrite ou non" (Hans Frank, juin 1938).

Entériné par la *Loi d'habilitation (Ermächtigungsgesetz)* adoptée par le Reichstag le 23 mars 1933, le *Principe du Chef (Führerprinzip)* constitue en fait le seul fondement juridique de l'Etat nazi, ce qui explique du reste pour une large part que l'élaboration du *Code de la Communauté raciale populaire (Volksgesetzbuch)* entreprise en 1939 par l'Académie du Droit Allemand n'ait jamais abouti. En fait, à en croire ses *Propos de table (Tischgespräche,* 1963), Hitler n'éprouvait que mépris pour les juristes, *ces êtres contre-nature et néfastes* dont il avait *eu trop longtemps à souffrir des tracasseries.* Emanation de la *peuplité (Volkstum)* à la source de laquelle il puise - fort mystérieusement - son inspiration, il n'a que faire des *boniments incompréhensibles de raisonneurs et n'est lié,* comme le confirmera un arrêt du 26 avril 1942, *à aucune disposition juridique existante.* Infaillible, il suffit de s'en remettre à ses décisions et de lui faire confiance : "C'est la première fois dans l'histoire de notre peuple que l'amour voué au chef est devenu un concept juridique" (H. Frank, Conférence à l'Université de Munich, *Völkischer Beobachter,* 30 juin 1935). Pour le reste, et notamment les nombreuses lois édictées entre 1933 et 1945 (cf. Münch et Brodersen), tout n'est qu'affaire de circonstance. D'autant que la **rétroactivité** ayant été instaurée, il est aisé de sévir ; le geste en apparence anodin et parfaitement légal pouvant à tout instant devenir répréhensible, mieux vaut encore s'abstenir, ne sachant jamais ce que réserve le lendemain.

Opposés dans leur écrasante majorité à la République, à l'extension du champ des libertés sociales, au progrès démocratique, les juristes allemands, regroupés par le régime dans une ligue professionnelle *(Bund Nationalsozialistischer*

Deutscher Juristen) se sont faits, en dépit de quelques réticences liées à l'amputation partielle de leurs privilèges par la *Gestapo* et la *SS*, les complices de l'Etat hitlérien. Ils ont cautionné l'institutionnalisation de l'anarchie législative et de l'arbitraire et ont toléré que "le Droit se résume à la volonté du Führer" (H. Göring, 13 juillet 1934).

En ouvrant ce petit livre, c'est au plus profond mépris des valeurs humanistes, à l'obscurantisme le plus vulgaire que le lecteur va se confronter. Cette confrontation est néanmoins utile pour comprendre un rouage essentiel du mécanisme totalitaire et ne pas se laisser aveugler par des illusions propres à duper l'homme et à le réduire au bout du compte à l'esclavage.

L'auteur exprime sa gratitude à Gérard Mendel, Jean-Michel Palmier et Henri Brunswic pour leur constant soutien dans ses recherches, à tous ceux qui l'ont autorisé à utiliser leurs travaux, notamment Messieurs les Professeur M. Stolleis (Fancfort / Main), E. Wadle (Sarrebruck) et Monsieur le Président du tribunal de Grande Instance de Hambourg G. Bertram, ainsi qu'aux rédacteurs en chef des revues spécialisées *Juristische Schulung* et *Zeitschrift für Rechtspolitik.*

CHAPITRE 1

DE L'INCENDIE DU REICHSTAG À L'INSTAURATION DE LA COUR DE JUSTICE DE LA COMMUNAUTÉ RACIALE POPULAIRE

Dans la nuit du 27 février 1933, quelques semaines après la nomination de Hitler comme chancelier du Reich par le président Hindenburg, les nazis font secrètement incendier le Reichstag et accusent à grand renfort de publicité le parti communiste afin d'avoir un prétexte pour démanteler légalement l'opposition de gauche dans la perspective des élections législatives du 5 mars dont ils savent qu'ils ne sortiront pas vainqueurs en cas de constitution d'un front populaire en faveur duquel des intellectuels de renom (H. Mann, K. Kollwitz) interviennent publiquement. Dès le lendemain, le parti communiste, sa presse, ainsi que quelques journaux socialistes particulièrement virulents, sont interdits. La milice du parti nazi, la SA, obtient le statut de police auxiliaire et se charge de traquer militants et responsables. Trahi par un proche, le secrétaire général du PCA, Ernst Thälmann, est incarcéré ; il sera assassiné en 1944 au camp de Buchenwald. L'ordonnance "Pour la protection du peuple et de l'Etat" édictée en vertu de l'article 48 de la Constitution de la République de Weimar qui confère en cas de nécessité extrême des pouvoirs discrétionnaires au président pour peu qu'il soit soutenu par le parlement, abolit les libertés et droits fondamentaux, légalise les arrestations sur simple présomption, et introduit au lieu de la perpétuité (§ 307 Code pénal) la peine de mort pour les actes de haute trahison et l'incendie criminel (Effet rétroactif promulgué le 29 mars 1933 par la *Lex van der Lubbe*).

Pourtant, malgré le climat de terreur, les nazis et leurs alliés du parti national-populiste conduit par l'ancien PDG des usines Krupp de Essen et magnat de la presse et de la production cinématographique *(UFA)* Alfred Hugenberg, ne parviennent pas aux législatives du 5 mars à dépasser 52, 5 % (44, 5 % NSDAP + 8 % DNVP), ce qui ne constitue pas la majorité des deux tiers qui leur serait nécessaire à la chambre pour voter les pleins pouvoirs à Hitler et instaurer définitivement la dictature. Certes les 81 élus du parti communiste (12, 5 %), désormais hors-la-loi mais dont la candidature a été maintenue de crainte que ses électeurs ne viennent renforcer le parti socialiste (SDP), sont immédiatement destitués et envoyés en camp de concentration (Oranienburg et Dachau), mais aussi par précaution 26 députés de la SPD qui a obtenu 18, 5 % des suffrages. Hitler et Göring sont à peu près certains qu'impressionnés, les 94 socialistes admis à siéger s'abstiendront : mais après tout qu'importe, puisqu'ils se sont préalablement assurés par des tractations que les élus du Centre catholique (14 %) et des autres partis bourgeois (2, 5 %), jusqu'alors membres de la coalition républicaine, rengaineront leurs scrupules et approuveront le texte (Réunion du cabinet Hitler du 15 mars). Le 23 mars, la *Loi d'habilitation* qui abroge la Constitution weimarienne et autorise Hitler à légiférer à sa guise est adoptée à l'Opéra Kroll bouclé par la police. Derrière Göring qui assure la présidence, l'étendard à croix gammée voisine avec la bannière impériale noir-blanc-rouge. Tous les nazis sont en uniforme. Pour se rendre jusqu'à l'urne, on longe une haie de SA et de SS hystériques : "La loi d'habilitation, ou le sang coulera" ! Contre toute attente, les socialistes regroupés derrière Otto Wels votent contre, mais si leur volonté de survivre en tant qu'opposition légale est manifeste, "ils n'ont déjà plus d'air pour respirer" (T. Vogelsang, 1968).

Dès lors la cœrcition ne connaît plus de bornes : Vingt-six tribunaux spéciaux sont institués pour condamner les antifascistes ; leurs décisions sont sans appel. En avril est créée la *Gestapo* dont la simple évocation du nom fera pendant douze années frémir l'Allemagne puis l'Europe. Un an plus tard vient la *Cour de justice de la Communauté raciale populaire,* parodie de tribunal où le prévenu est condamné par avance. Parallèlement se constitue un réseau complexe d'organisations obligatoires (*Front du Travail* avec sa section de planification des loisirs *Force par la Joie, Corporation nourricière, Chambre culturelle, Jeunesses hitlériennes, Service d'entraide d'hiver, Ligue des enseignants, des étudiants, des médecins, des juristes, des femmes*, etc.) afin que nulle sphère d'activité publique ou privée n'échappe au contrôle du régime. Pour modeler l'opinion, le ministre de l'Education populaire et de la propagande Joseph Goebbels dispose de moyens considérables. Livres, journaux, films, émissions radiodiffusées sont soumis à une censure préventive et les productions étrangères sont interdites sous peine de graves poursuites, on prohibe et brûle les écrits susceptibles d'éveiller l'esprit critique, l'art est dévoyé comme instrument de propagande. On persécute, interne en camp de concentration, contraint à l'exil tous ceux qui refusent de courber l'échine. (cf. Feral, 1990)

A) L'incendie du Reichstag

L'incendie du Reichstag a été mis en scène par les Nazis afin de faire accepter par la population la terreur à l'encontre des démocrates et de donner un vernis de légalité à l'établissement d'une dictature souhaitée de longue date par l'oligarchie financière et économique, soucieuse d'accroître ses profits en brisant les acquis du mouvement ouvrier, en profitant du réarmement, et ultérieurement des matières premières, des unités de production et de la force de travail des territoires occupés grâce à une politique impérialiste que Hitler lui a fait miroiter dès 1932, à l'occasion de plusieurs rencontres et conférences (par exemple le 27 janvier 1932 à l'*Industrie-Klub* de Düsseldorf). D'où la pression constante sur le président Hindenburg des banquiers Schacht et Schröder, des industriels Thyssen, Vögler, Kirrdorf ou encore Krupp, pour qu'il confie dans les meilleurs délais le pouvoir à Hitler, alors même qu'aux élections de l'automne 1932 la NSDAP vient d'enregistrer un tel recul face à la gauche que Goebbels affirme dans son *Journal* que tout est perdu et que le *Führer* envisage le suicide. Dans un tel contexte, le parti communiste allemand, promoteur d'un programme d'internationalisme prolétarien et de rassemblement autour de l'URSS qui assurerait une paix définitive entre les peuples libérés de leurs exploitants capitalistes par la révolution socialiste, ne pouvait qu'apparaître comme l'ennemi à abattre en priorité.

Comment envisager en effet que, sans projet initial de démantèlement du parti communiste, projet du reste amorcé par la campagne “Coup de poing sur la gorge du communisme” déclenchée par la NSDAP une semaine avant la désignation de Hitler comme nouveau chef de gouvernement, 4 000 responsables et 6 000 militants aient pu être appréhendés dès l'annonce de l'arrestation de l'incendiaire présumé, Marinus van der Lubbe, un Hollandais sur lequel on découvre fort à propos une carte du PC ? Comment concevoir que sans coup monté l'ordonnance d'urgence pour la répression des actes de violence mettant en danger l'Etat ait pu en quelques heures être soumise à la signature du président Hindenburg et immédiatement promulguée ? Comment comprendre la mise au secret immédiate du président du groupe parlementaire communiste, Ernst Torgler, alors qu'il se présente spontanément à la police pour attester de la bonne foi de son parti et être confronté à Lubbe ? Comment imaginer que la police ait pu sans coup férir mettre la main sur les élus communistes sans ces listes prévisionnelles adressées aux instances concernées par les services de Göring afin de les localiser et de les "transporter groupés à la préfecture de police de Berlin" dès communication des résultats du scrutin ? Comment interpréter l'arrestation le 9 mars du communiste bulgare en exil, Dimitrov, ami d'Henri Barbusse et délégué du Komintern pour l'Europe de l'Ouest, ainsi que de ses camarades Popov et Tanev, sinon comme moyen pour attiser la haine du peuple allemand envers le monstre soviétique, et monter un procès à sensation dont on attendait la levée d'une croisade antibolchevique de par le monde ? Dimitrov du reste n'est pas dupe de la manœuvre. Le 20 mars, il déclare au juge chargé de l'instruction de son dossier : "Nous sommes des communistes et non des anarchistes. Ma profonde conviction est que l'incendie du Reichstag ne peut être que l'oeuvre de fous ou alors des pires ennemis du communisme qui par cet acte ont voulu installer une atmosphère propice à l'anéantissement du mouvement ouvrier et du parti communiste allemand. Personnellement, je ne suis ni fou ni un ennemi du communisme. Qui plus est, au moment où le Reichstag était en flammes, je ne me trouvais même pas à Berlin, mais à Munich, où j'étais arrivé le 26 février au matin et d'où je suis reparti pour Berlin le 27 février au soir par le train rapide en couchettes de troisième classe..." (Dimitrov, 1978).

En septembre 1933, le comité central du PCA, qui a entre-temps mené son enquête, fait diffuser clandestinement dans toute l'Allemagne un tract sur *La vérité dans l'incendie du Reischstag* : "Alors que le Parlement était en flammes et que Lubbe n'avait même pas encore été auditionné, Hitler déclara que l'incendie était l'œuvre des communistes. Il est significatif que pour ces journées durant lesquelles avait été prévue cette gigantesque provocation contre le communisme, les tournées électorales de Hitler, Göring et Goebbels, n'aient pas comporté de réunions afin qu'ils puissent être présents à Berlin pour y diriger la persécution sanglante du communisme. Après son arrestation, Van der Lubbe déclara au juge d'instruction qu'il n'avait aucun contact avec les communistes d'Allemagne. Le juge d'instruction du tribunal du Reich a refusé de porter cette déclaration de Lubbe au procès-verbal. Ce n'est que lorsque l'interprète déléguée par l'Ambassade de Hollande refusa de signer ce procès-verbal que la déclaration de Lubbe fut consignée. Lubbe a été exclu du parti communiste hollandais en 1929 comme provocateur. Lubbe se trouvait en Saxe en 1932. A Sörnewitz, il était en contact avec des membres du parti nazi. Contrairement à ce qu'a affirmé la presse nazie, aucune réunion du groupe parlementaire communiste, ou ne serait-ce que d'une partie des membres du groupe parlementaire communiste n'a eu lieu au jour de l'incendie du Reichstag. Le jour de l'incendie du Reichstag, le camarade Torgler se trouvait à 8 heures du soir au restaurant Aschinger. Il s'y trouvait encore à 10 heures, à l'heure de l'incendie. Ce n'est que plus tard qu'il apprit la nouvelle de l'incendie. Les *preuves* avancées par le tribunal fasciste à l'encontre de Torgler sont à un tel point ridicules que l'acte d'accusation retient le fait que Torgler ait été en 1923 membre de la commission incendie de Lichtenberg et ait des connaissances en matière de feu. Il est symptomatique qu'avant que n'éclate l'incendie, ce soit justement un inspecteur membre de la NSDAP qui ait effectué la ronde et ait fermé les portes à clef, alors que ce sont normalement d'autres fonctionnaires qui s'en occupent. Cet inspecteur membre du parti nazi était également en possession de la clef du couloir de la chaufferie qui conduit de l'appartement du président de l'Assemblée, Göring, aux bâtiments du Parlement. Les fonctionnaires parlementaires interrogés par le juge d'instruction ont déclaré à l'unanimité n'avoir vu aucun homme ressemblant à Lubbe franchir les portes du Parlement. Le chef des pompiers qui a dirigé les opérations d'extinction a expliqué que l'on avait mis le feu en vingt-sept endroits différents dans le Parlement et que seuls des techniciens pouvaient orchestrer un tel incendie. Il a en outre expliqué que toutes les salles stratégiques pour l'extinction des foyers étaient bouclées. Dans les locaux réservés au groupe parlementaire communiste on n'a trouvé aucun indice permettant de conclure à une quelconque responsabilité dans l'incendie. Le directeur du corps des sapeurs-pompiers chargé de déterminer les causes de l'incendie alors même qu'il battait son plein, et qui a porté ce fait au procès-verbal, a été démis de ses fonctions et reste introuvable. Un cadre de la NSDAP, Bell, compromis dans de nombreux meurtres commandités par la Vehme[1], s'est rendu peu après l'incendie du parlement dans les bureaux de l'organe du parti socialiste *Vorwärts* et a demandé de parler à un responsable pour lui fournir les preuves que l'incendie du Parlement était l'œuvre de membres de la NSDAP. Quelques jours avant l'incendie, Bell avait déclaré à des amis qu'un grand événement allait se produire le lundi au Parlement. Ces déclarations ont valu à Bell d'être recherché par les SA. Il réussit à se rendre en France mais y fut abattu par des membres de la SA venus d'Allemagne en automobile. Une semaine avant l'incendie du Parlement, le secrétaire d'Etat Planck déclara avoir eu vent d'une gigantesque provocation orchestrée par les nazis avant les élections dans le but de déclencher un pogrome contre les communistes, vraisemblablement un attentat simulé contre Hitler... Qui avait en réalité intérêt à ce que le Parlement brûle, sinon ce chien sanguinaire de Göring qui avait besoin de cet incendie pour déchaîner la terreur contre les communistes..."

Le général Franz Halder qui, opposé à l'invasion des Sudètes, avait en 1938 projeté de destituer Hitler (le plan avorta en raison de la signature du traité de Munich), puis avait été nommé chef de l'état-major de l'armée de terre avant d'être jeté dans un camp de concentration au lendemain de l'attentat du 20 juillet 1944, restera jusqu'à sa mort en 1972 persuadé

1. En allemand *Feme* : organisation terroriste d'extrême-droite formée au lendemain de la Première Guerre mondiale et chargée d'exécuter les "traîtres à la Patrie" (par exemple le signataire de l'armistice Erzberger et le ministre des Affaires étrangères Rathenau). A ce sujet, voir l'important appareil documentaire in Ö. von Horváth, *Sladek*, Suhrkamp Taschenbuch, 1983.

que Göring était bien le commanditaire de l'incendie du Reichstag. Dans sa déposition sous serment devant le tribunal de Nuremberg, il affirmera l'avoir entendu se vanter au cours du repas organisé à l'occasion du 53ème anniversaire du *Führer*, alors que la conversation tournait autour de la valeur architecturale de l'édifice wilhelminien conçu par Paul Wallot : "Le seul à vraiment connaître le Reichstag, c'est bien moi ; j'y ai mis le feu !"[1]

Et il est vrai qu'à lire entre les lignes de ce qu'écrit Göring dans *Aufbau einer Nation (Reconstruction d'une nation),* il ne fait pas de doute que rien ne pouvait arrêter le nouveau ministre de l'Intérieur de Prusse et organisateur de la Gestapo dans sa volonté de laminer tout ce qui était susceptible de constituer un obstacle à la barbarie nazie : "Au beau milieu de notre travail de reconstruction... des mains criminelles avaient mis le feu au Reichstag... Cet incendie devait être pour le parti communiste le signal de la généralisation de la terreur, de l'insurrection générale, de la guerre civile. Qu'il n'ait pas eu de telles conséquences, l'Allemagne et le monde ne le doivent pas aux nobles motifs du communisme, on le doit uniquement et exclusivement à la détermination inflexible et à la poigne d'acier d'Adolf Hitler et de ses plus proches collaborateurs qui frappèrent plus vite que l'ennemi ne l'avait escompté et plus fort qu'il ne pouvait le supposer, contraignant par-là même d'emblée et pour toujours le communisme à l'agonie... Mais il convenait maintenant d'éclairer notre communauté raciale sur le monstrueux danger qui l'avait menacée. On se faisait enfin une idée des desseins les plus secrets des communistes, de ce qu'étaient leurs organisations et leurs perspectives. On comprenait que ces sous-hommes avaient l'intention de ne

1. Dans un mémorandum adressé en avril 1933 à la presse britannique et largement publié, le président du gouvernement parlementaire national allemand (DNVP), Ernst Oberfohren, mettra lui aussi Göring en cause, ce qui lui vaudra d'être assassiné le 3 mai ; toutefois sa thèse (reprise par les communistes), selon laquelle les incendiaires se seraient introduits dans le Parlement par le souterrain partant de l'appartement qu'occupait Göring en tant que président de l'Assemblée, est aujourd'hui réfutée (cf. Mommsen, 1964).

reculer devant aucun moyen criminel pour mener à bien leur combat d'anéantissement de notre Reich fier et courageux". Et dans un discours prononcé deux jours après l'incendie alors qu'une partie de la presse et quelques députés osent protester contre les exactions en cours : "Je n'en suis encore qu'au tout début du grand nettoyage, je suis loin d'en avoir fini. Pour nous, le peuple se divise en deux catégories : celle qui se revendique de la communauté raciale populaire, et l'autre qui ne cherche qu'à corrompre et à détruire... Lorsque vous me dites qu'à tel ou tel endroit on a maltraité ou arrêté quelqu'un, je vous réponds tout simplement qu'il n'y a pas d'omelette sans casser des oeufs. Il y a des années que nous ne cessons pas d'annoncer que nous règlerons leur compte aux félons. N'en appelez donc pas tant à la justice, car il pourrait bien y avoir une justice dont vous ne trouverez trace ni au ciel ni dans vos corps de lois. Et lorsque cette justice-là se mettra en marche, votre fin sera venue".

L'intimidation et l'élimination, voilà donc les piliers du système juridique nazi révélés par celui qui se targuera devant la presse américaine début 1934 de *priver de défense légale* tout opposant, de *s'élever sciemment contre la fausse douceur et le faux humanitarisme,* de ne *reconnaître ni les inventions fallacieuses des avocats, ni la chinoiserie des subtilités juridiques* (Delarue, 1962) et qui fut jusqu'au 20 avril 1934, date à laquelle il déléguera cette prérogative à Himmler, responsable des camps de concentration. Là, pas question de "justice" ; plutôt dix innocents derrière les barbelés qu'un seul adversaire en liberté ! Et quelle force de dissuasion sur la population hantée par le spectre du *KZ*, d'autant que l'internement échappait à toute procédure judiciaire : "De cette façon, on pouvait espérer étouffer dans l'œuf toute opposition, ne pas lui laisser le loisir de s'organiser, et, s'il devait arriver qu'elle se manifestât quelque part, lui enlever toute possibilité d'extension ." (E. Kogon, 1947)

Pour corser le tout, le président Hindenburg avalise le 21 mars 1933 un "décret de prévention des attaques perfides contre le gouvernement de soulèvement national" qui prévoit de lourdes peines de réclusion, voire la mort, pour quiconque usurperait un uniforme ou un insigne qu'il n'est pas habilité à porter, commettrait un acte "dans l'intention d'inquiéter ou de terroriser la population, de fomenter des troubles ou de créer au Reich des difficultés dans le domaine de la politique extérieure", aurait des propos diffamatoires à l'égard de son pays, du gouvernement, ou de toute personne exerçant des responsabilités.

Dans le même temps, il est de bon ton de fustiger les émigrés, les résistants, les juifs. Le 24 avril 1933, dans une allocution lue à la radio et publiée le lendemain dans la presse, le grand poète Gottfried Benn théorise : "Nous nous trouvons en présence d'un mouvement historique nouveau et authentique ; son expression, sa langue, son Droit commencent à s'épanouir... Il n'en est qu'au commencement de son existence et déjà toutes les races qui inclinent à leur fin s'emploient à diffamer son existence... Il n'en est qu'au commencement de son existence et déjà il subit les assauts de tous ceux qui, usant de leur notoriété, se sont entendus pour l'abattre ; mais c'est l'Histoire elle-même qui désarme ces attaques, c'est son essence, laquelle ne procède ni par élections ni démocratiquement. L'Histoire ne procède pas démocratiquement mais élémentairement, toujours élémentairement en ses grands tournants. Elle n'appelle pas aux élections, elle institue le type biologique nouveau et ignore toute autre méthode... (c'est) le siècle actuel (qui) a forgé la loi en devenir : l'Etat total."

B) La "Loi d'habilitation"

Le 24 mars 1933 au matin, la *Vossische Zeitung*, quotidien contrôlé par le consortium Ullstein, annonce : "Aujourd'hui entre en vigueur la loi d'habilitation pour la remédiation de la détresse de la communauté raciale populaire et du Reich. Ainsi en ont décidé hier les acteurs de notre vie législative au Reichstag par 441 voix contre 94... Ce fut une séance brève mais non sans tension. Après avoir présenté son texte, le chancelier fut amené à conclure avec virulence le débat provoqué par le parti socialiste."

Qu'a donc pu dire Otto Wels dans son intervention pour s'attirer les foudres du chancelier ?

"Jamais dans l'histoire du Reichstag, les représentants élus du peuple n'ont été exclus dans une telle mesure de la gestion des affaires publiques qu'aujourd'hui. Et cette nouvelle loi d'habilitation ne va rien arranger. Accorder un pouvoir total au gouvernement aura des conséquences d'autant plus néfastes que la liberté de la presse n'existe plus... La Constitution de Weimar n'est pas une Constitution socialiste. Mais nous sommes attachés aux principes de l'Etat de droit, de l'égalité des droits, des droits sociaux qu'elle garantit. Nous socialistes allemands réaffirmons solennellement en cette heure historique notre adhésion aux principes d'humanité, de justice, de liberté et du socialisme. Ce n'est pas une loi d'habilitation qui vous donnera le pouvoir de réduire à néant des idées éternelles et indestructibles... Vous pourrez nous priver de notre liberté et de notre vie, pas de notre honneur... Personne ne peut raisonnablement réclamer et espérer que nous approuvions la loi d'habilitation que vous venez de nous soumettre..."

Une loi d'à peine trente lignes, en cinq articles, et livrant l'Allemagne pieds et poings liés à des fanatiques racistes et bellicistes. Ceci mérite réflexion.

Journal officiel du Reich, 24 mars 1933 :

Loi de remédiation à la détresse de la communauté raciale populaire et du Reich.

“Le Parlement du Reich a adopté la loi suivante qui, suite à son approbation par le conseil des Etats constituant le Reich, est promulguée par la présente, après qu'il ait été établi que sont satisfaites toutes les conditions législatives en vue d'une réforme constitutionnelle.

Article 1 : Outre les modalités de procédure prévues par la Contitution du Reich, les lois du Reich peuvent aussi être promulguées par le gouvernement du Reich. Cette disposition s'applique également aux lois référencées aux articles 85 alinéa 2 et 87 de la Constitution du Reich (budget, emprunt et cautionnement d'Etat. T.F.).

Article 2 : Les lois du Reich promulguées par le gouvernement du Reich peuvent déroger à la Constitution du Reich, dans la mesure où elles ne concernent ni le parlement, ni le conseil des Etats en tant qu'institutions (le conseil des Etats sera pourtant dissous le 14 février 1934. T.F.). Les prérogatives présidentielles restent inchangées.

Article 3 : Les lois du Reich promulguées par le gouvernement du Reich sont signées par le chancelier du Reich et publiées au Journal officiel. Sauf dispositions particulières, elles entrent en vigueur au lendemain de leur publication. Les articles 68 à 77 de la Constitution du Reich (section 5 garantissant une législation démocratique. T.F.) ne s'appliquent pas aux lois promulguées par le gouvernement du Reich.

Article 4 : Les accords à objet législatif conclus par le Reich avec des Etats étrangers ne nécessitent aucune approbation par les instances participant de la législation. Le gouvernement du Reich édicte la réglementation indispensable à l'application de ces accords.

Article 5 : Cette loi entre en vigueur au jour de sa publication. Elle sera caduque au 1er avril 1937 (mais prorogée à trois reprises jusqu'en 1945. T.F.). Elle peut en outre être abrogée en cas de remplacement du gouvernement actuel du Reich par un autre”.

Hitler n'a jamais fait mystère de sa prétention à gouverner seul. Après la sévère leçon du putsch de novembre 1923, il affirmera toujours vouloir "couler l'Etat dans un moule conforme à [ses] conceptions", mais dans le "respect de la légalité", quitte à ce "que quelques têtes tombent légalement" (*Serment de légalité,* Procès de Leipzig, 25 septembre 1930). Il préféra du reste renoncer à deux reprises à la Chancellerie (13 août et 24 novembre 1932) plutôt que de devoir composer. Certes, avec le gouvernement à minorité nazie (Göring, Frick et Goebbels à partir du 13 mars) qu'il constitue le 30 janvier 1933, il donne dans un premier temps l'illusion de s'entendre avec la droite traditionnelle. Mais le texte du 23 mars concrétise son acharnement paranoïaque "que rien n'arrêtera, pas même le meurtre" (G. Mendel, 1968).

Bien sûr, il y avait eu des précédents : la loi d'habilitation promulguée le 29 mars 1930 par W. Frick lors de la participation des nazis au gouvernement de Thuringe (cf. Dickmann, 1966) ; le coup de force en Prusse de Papen (20 juillet 1932) ; la pratique amorcée par le chancelier Brüning, puis systématisée par Papen et Schleicher de contourner la représentation nationale et de légiférer par ordonnances. Mais on restait dans le cadre constitutionnel : ce qui se passait dans un *Land* pouvait à tout moment faire l'objet d'un rappel à l'ordre des instances nationales (Article 13), et la législation par ordonnances *(Präsidialkabinett)* relevait d'un consensus entre le président, le ministère et la majorité parlementaire (Article 48). Si le glissement vers la dictature ne fut pas empêché, c'est que ceux qui tenaient les rênes, avaient, dès lors qu'ils ne respectaient même plus l'article premier de la Constitution ("L'empire allemand est une République. Le pouvoir de l'Etat émane du peuple"), condamné la Constitution.

La loi du 23 mars 1933, "structurée de manière fort significative en articles" (E. Wadle, 1983), lui porte le coup de grâce. Elle décide purement et simplement l'abrogation de la séparation des pouvoirs et l'auto-affirmation du gouvernement en matière législative, ce qui infirme de facto les compétences "inchangées" du président et du Parlement, et autorise conséquemment la manipulation de l'article 76 (changement de Constitution par la voie législative) jusqu'au déni de tout appareil constitutionnel au bénéfice du seul *Führer*.

Avoir pu espérer, ainsi que le feront certains conservateurs, que par "gouvernement du Reich" les nazis pouvaient entendre autre chose que leur **propre pouvoir**, relevait de l'illusion : "Si au commencement les *lois gouvernementales* furent multiples, leur nombre ne cessa de diminuer avec le temps, pour finalement céder le pas à la notion d'*ordre du Führer*" (E. Wadle, 1983).

Il n'est pas rare d'entendre aujourd'hui encore affirmer que Hitler a pu instaurer l'*Etat total* (E. Forsthoff, 1933) en toute légitimité. C'est faire peu cas de la terreur qui régnait alors, à moins que l'on ne considère - peut-être même inconsciemment - la terreur comme un moyen légal de gouverner.

C) L'Etat total

La terreur, érigée par le "parti du crime" (K. Pätzold) en instrument privilégié de stabilisation de son pouvoir, ne se contente pas d'être démonstrative et directe. Comme l'a magnifiquement montré Brecht dans *Grand'peur et misère du Troisième Reich,* elle se fait aussi insidieuse. Doublée par la propagande omniprésente, elle pousse les adhérents des partis traditionnels à abjurer, voire à se reconvertir *(Märzgefallene),* elle porte le simple citoyen à "démissionner et se plier devant la violence abrutissante" (H. Mann), à se faire le complice du pire. D'autant que la terreur peut parfaitement s'exercer par personne interposée : lorsque le juge Freisler apprend incidemment que celle qu'il vient tout juste de condamner à une peine de détention pour médisance envers le régime n'est autre que la soeur de l'écrivain en exil Erich Maria Remarque, dont le roman pacifiste *A l'ouest rien de nouveau* a été incinéré lors de l'autodafé du 10 mai 1933, il la fait décapiter.

Le plus effrayant, rappellera H. Arendt, ce n'était pas tant les nazis que les *"amis qui tournaient casaque."* Une expérience tragique que connurent parmi tant d'autres les familles Husserl et Lœwy avec Martin Heidegger (cf. H. Ott, 1994).

Fort du principe *Malheur à qui danse hors de la ronde* (L. Harig, 1993), les nazis peuvent dès avril 1933 imposer les premières mesures antisémites, notamment par une loi réformant le statut des fonctionnaires, et envisager de porter le coup de grâce aux organisations ouvrières encore tolérées.

Dans les journées qui suivent la fête du 1er mai, rebaptisée *Fête du travail national* pour rompre avec l'internationalisme, ils démantèlent les syndicats et les remplacent par un *Front allemand du travail (DAF)* chargé de regrouper les masses laborieuses, de les endoctriner, mais aussi de les soumettre à une étroite surveillance. Fier de ses nouvelles prérogatives, son chef, Robert Ley, un ancien chimiste qui transpire la bière et le schnaps, avertit :

"[Le national - socialisme] place le travailleur et le paysan, l'artisan et l'employé, en un mot tous les Allemands productifs, au centre de sa pensée et de son action et par-là même au centre de son Etat. Il rend inoffensif les exploiteurs et les profiteurs. Dis-moi maintenant qui était ce valet du capital, ce réactionnaire qui voulait t'opprimer et te dépouiller de tous tes droits ? Etaient-ce ces criminels rouges qui ont des décennies durant abusé de toi, brave, vaillant et honnête travailleur, à seul dessein de te priver de tes droits et de te déshériter, ou nous, qui au prix d'indicibles sacrifices et d'indicibles souffrances avons mené la lutte contre cette folie de juifs diaboliques et de leurs complices ? Trois mois de gouvernement national-socialiste et la preuve est là : Adolf Hitler est ton ami ! Adolf Hitler lutte pour ta liberté ! Adolf Hitler te donne du pain !

Nous entrons aujourd'hui dans la deuxième phase de la révolution nationale-socialiste. On va me dire : qu'est-ce que vous voulez de plus, vous détenez le pouvoir absolu. C'est vrai, nous détenons le pouvoir, mais nous ne détenons pas encore l'ensemble de notre communauté raciale ; toi travailleur, nous ne te détenons pas encore à cent pour cent, et c'est justement toi que nous voulons. Nous ne te laisserons pas de répit tant que tu ne te seras pas voué à nous corps et âme et en connaissance de cause. Nous te libérerons des dernières entraves du marxisme, afin que tu rejoignes ta communauté raciale !"

Par la création du Front du Travail *(Deutsche Arbeitsfront),* qui répond au vœu de l'union des syndicats patronaux allemands de "régler la question syndicale" (lettre du 31 mars 1933 de Roland Brauweiler au vice-chancelier Papen, BA Coblence, R53, n° 80), le "Führer de la nation" est assuré que les industriels "mettront tout en œuvre pour soutenir le gouvernement dans sa dure tâche" (lettre de Gustav Krupp à Hitler, BA Coblence, R2, n° 21 573). En outre, un fonds de soutien à la NSDAP s'élevant à environ 0, 5 % de la masse salariale est institué *(Adolf-Hitler-Spende).*

C'est également dans les premières semaines de mai que débutent les persécutions contre le parti socialiste : trésoreries, presse, locaux sont confisqués. De nombreux dirigeants partent pour l'étranger ou sont internés. Pourtant au Reichstag, certains socialistes persistent à composer avec le pouvoir : ils se désolidarisent publiquement de leurs camarades passés à la clandestinité, dénoncent leurs leaders en exil, approuvent la déclaration de politique extérieure de Hitler (17 mai), élisent un nouveau comité directeur autour de Paul Löbe (19 juin) qui se déclare prêt à coopérer. Mais rien n'y fait, la logique hitlérienne voulant que ne subsiste aucune organisation susceptible de solliciter la classe ouvrière. Le 22 juin, alors que les SA viennent d'investir le quartier ouvrier de Berlin-Köpenick et y déchaînent une *semaine sanglante* qui fera 91 morts, le ministre de l'Intérieur Wilhelm Frick prononce la dissolution de la SPD. Löbe est envoyé dans un camp. Le même jour, dans son édition du matin, le *Journal de Cologne* commente :

“Les événements de ces derniers temps ont fourni la preuve irréfutable que, envers l'Allemagne et son gouvernement légal, la social-démocratie allemande ne recule devant aucun acte de haute trahison et d'atteinte à la sécurité de l'Etat. Des personnalités dirigeantes de la SPD comme Wels, Breitscheid, Stampfer, Vogel, se trouvent depuis quelques semaines à Prague pour organiser en Allemagne la lutte contre le gouvernement national. Wels a publié une déclaration expliquant qu'il avait simulé sa démission du bureau la deuxième internationale. Il a adressé un télégramme au président de la section ouvrière de la conférence internationale des travailleurs à Genève, par lequel il cherche à dresser par la calomnie les travailleurs des autres pays contre le gouvernement national allemand. Lors d'une réunion tenue il y a quelques jours à Berlin, la direction élargie de la SPD s'est contentée de prendre ses distances vis-à-vis des Wels, Breitscheid, etc, sans pour autant, ce qui est symptomatique, vraiment se débarrasser de ces personnages en les excluant du parti pour atteinte à la sécurité de l'Etat. Tout au contraire, la police a surpris à Hambourg une réunion clandestine de dirigeants social-démocrates où elle a mis la main sur du matériel portant également atteinte à la sécurité de l'Etat. Tout ceci force à conclure que le parti social-démocrate d'Allemagne doit être considéré comme un parti hostile à l'Etat et à notre communauté raciale populaire et qu'il ne mérite aucun autre traitement que celui qui a été appliqué au parti communiste. Pour ce motif, et en conformité avec l'ordonnance présidentielle pour la protection du peuple et de l'Etat du 28 février 1933, le ministre de l'Intérieur a prié les gouvernements régionaux d'adopter envers la SPD les mesures qui s'imposent... Il n'est plus possible d'autoriser la social-démocratie à se manifester et à propager ses idées sous quelque forme que ce soit."

Fin juin 1933, la NSDAP dispose au Reichstag d'une majorité de 130 voix. Les conservateurs ne sont plus que quantité négligeable. Hitler exige un remaniement ministériel. Par des démonstrations de force, il contraint Hugenberg, qui cumule l'économie et l'agriculture, à démissionner et le remplace par le directeur général des assurances Allianz, Kurt Schmitt (relayé en 1935 par Schacht), et l'ingénieur agronome Walther Darré. Le 27 juin, le parti national-populiste (DNVP) se saborde, suivi par toutes les autres formations bourgeoises. Nombreux sont ceux qui rejoignent la NSDAP.

Le nouveau cabinet se compose de sept nationaux-socialistes (Hitler, Frick, Göring, Darré, Schmitt, Seldte) et de six *techniciens* d'origine conservatrice, ayant exercé de hautes responsabilités politiques sous Weimar et ralliés au projet hitlérien (Blomberg, Neurath, Eltz-Rübenach, Schwerin von Krosigk, Gürtner, Papen). Le 14 juillet, après avoir restructuré la direction de la NSDAP (2 juillet) et annoncé la "fin de la révolution" (3 juillet), le *Führer* appose sa signature sous une loi interdisant tout autre parti que le sien:

"Le gouvernement du Reich a adopté la loi suivante qui est promulguée par la présente:

§ 1 : Le parti national-socialiste est l'unique parti existant en Allemagne.

§ 2 : Quiconque entreprend de maintenir la cohésion d'un autre parti politique ou de former un nouveau parti politique sera frappé de la réclusion jusqu'à trois ans ou d'une peine de prison entre six mois et trois ans si tant est que son acte ne tombe pas sous le coup d'autres dispositions prévoyant une peine supérieure".

La mesure est bien tolérée par la population lassée par l'instabilité weimarienne. Confortés par la signature du Concordat avec le Vatican (20 juillet) et le ralliement de la majorité de l'Eglise protestante au Chancelier (23 juillet), motivés par une allocution radiodiffusée du président Hindenburg affirmant que "quinze ans après avoir été déshonoré, le peuple allemand s'est relevé" (11 novembre), 92, 2 % des électeurs (participation = 95, 2) approuvent le 12 novembre, à l'occasion des élections à liste unique pour le Reichstag, l'instauration du monolithisme. Le même jour, le retrait de la conférence du désarmement et de la SDN est plébiscité à 95, 1 %. "Ce résultat ne s'explique pas uniquement par la terreur. L'audace de Hitler avait flatté la fierté nationale du peuple allemand" (C. Bloch). Une petite circonscription rurale de Hesse lui a fait confiance à 99, 8 %. Le plus mauvais résultat vient d'un quartier ouvrier de Hambourg : 78, 1 % ! Le vice-chancelier Papen transmet les félicitations du grand capital au *chef de la nation allemande le plus vénéré de l'histoire* : "Grâce à votre génie à conduire les affaires de l'Etat, grâce aux idéaux que vous proposez, vous avez réussi à transformer en neuf mois un peuple déchiré et désespéré en un Reich uni par l'espoir et par la foi en son avenir. Même ceux qui étaient jusque-là réservés, vous suivent aujourd'hui sans équivoque..."

Gonflé par son triomphe, Hitler décide le 1er décembre une loi qui scelle "l'unité du parti et de l'Etat" :

§ 1 : Après la victoire de la révolution nationale-socialiste, le parti national-socialiste allemand des travailleurs est porteur de l'idée allemande d'Etat et est indissolublement lié à l'Etat. Il est une collectivité de droit public.

§ 2 : Afin de garantir l'étroite collaboration des instances du parti et de la SA avec les autorités publiques, le représentant du Führer (Rudolf Heß. TF) et le chef d'état-major de la SA (Ernst Röhm. TF) sont nommés membres du gouvernement du Reich.

§ 3 : Aux membres du parti national-socialiste, de la SA et des organisations qui en dépendent, incombent, en tant que forces dirigeantes et motrices de l'Etat, des devoirs supérieurs vis-à-vis du Führer, de la communauté raciale populaire et de l'Etat. En cas de violation de ces devoirs, ils sont soumis à une juridiction spéciale du parti et de la SA (commission d'enquête et de réglement des litiges -*Uschla* - dirigée par W. Buch et érigée en tribunal suprême du parti le 1er janvier 1934. T.F.). Le Führer peut élargir ces dispositions aux membres d'autres organisations.

§ 4 : Est considéré comme violation de ses devoirs tout acte ou négligence s'attaquant ou portant préjudice à l'existence, à l'organisation, à l'activité ou à la réputation du parti national-socialiste allemand des travailleurs, et plus particulièrement pour la SA tout manquement à l'ordre et à la discipline.

§ 5 : Outre les sanctions habituelles, des peines d'arrêts et de détention peuvent être prononcées.

§ 6 : Dans le cadre de leurs compétences, les autorités publiques doivent assistance administrative et judiciaire aux instances du parti et de la SA chargées de la juridiction du parti et de la SA.

§ 7 : La loi du 28 avril 1933 concernant les procédures disciplinaires applicables aux membres de la SA et de la SS (statut des fonctionnaires de l'armée. T.F.) est abolie.

§ 8 : En tant que chef du parti national-socialiste allemand des travailleurs et chef suprême de la SA, le chancelier du Reich décrète les dispositions indispensables à l'application et à l'amendement de cette loi..."

Ce texte consacre la fusion définitive du parti et de l'Etat. C'est là l'une des caractéristiques fondamentales du totalitarisme. Associé à titre de représentant de la NSDAP à la rédaction de tous les projets de lois, Heß exerce dès lors le contrôle du parti sur l'ensemble des ministères. Mais ce texte consacre aussi l'arrimage du *mouvement* à l'autorité de l'Etat.

En ce sens, il prélude à la liquidation des cadres plébéiens SA qui refusent la "fin de la révolution" et exigent que les promesses anticapitalistes soient tenues. Depuis juillet 1933, ils ne cessent de semer l'agitation pour que soit "brisé l'esclavage de l'intérêt" et menée à bien la "nationalisation des trusts" (Points 11 et 13 du *Programme de la NSDAP* de 1920). Röhm critique le conservatisme de l'armée régulière qui "n'a pris aucune part à la révolution nationale" et pousse à son absorption dans un corps subordonné aux principes de l'Ordre nouveau, dont il assurerait le commandement avec ses officiers SA. Les magnats de l'industrie et de la finance s'inquiètent, ainsi que la caste militaire qui certes sait gré à Hitler de poursuivre le rétablissement de la puissance militaire allemande, mais méprise les *chemises brunes* tout en redoutant leur fanatisme et leur potentiel. La *Nuit des longs couteaux* (30 juin-1er juillet 1934) met un terme à l'effervescence. Röhm et plus d'une centaine de SA sont abattus comme des chiens par la SS et la Gestapo. La répression frappe également la "conjuration de gauche" (Gregor Strasser, le général et ancien chancelier. Schleicher), l'opposition conservatrice (le chef de l'Action catholique E. Klausener, de proches collaborateurs de Papen qui échappe lui-même de justesse à la purge) et quelques personnes devenues encombrantes (Karl Ernst et le commando des incendiaires du Reichstag) ou ayant un jour contrarié Hitler (Von Kahr, responsable de l'échec du putsch de Munich).

Le 2 juillet, Hindenburg félicite le chancelier d'avoir "étouffé dans l'œuf les intentions des traîtres". Le 3, le conseil des ministres légalise la purge par une loi adoptée à la hâte à l'unanimité. Dans un ordre du jour, Blomberg appelle l'armée à témoigner au *Führer* "sa reconnaissance par son dévouement et sa fidélité".

Cependant, si la *Nuit des longs couteaux* "marque bien [une] rupture avec le premier fascisme et [la] volonté de resserrer l'alliance avec les classes dirigeantes traditionnelles", elle n'en signifie pas moins "à celles-ci les intentions hégémoniques du nazisme" (P. Milza).

Un mois plus tard, le vieux président va mourir. Le 1er août, dans leur édition du soir, les journaux annoncent en première page :

"Le gouvernement du Reich a décidé la loi suivante :

§ 1 : Les fonctions de président du Reich sont associées à celle de chancelier. Par suite, les compétences qui relevaient jusqu'alors du président sont conférées au Führer et chancelier du Reich Adolf Hitler. Il nomme son représentant.

§ 2 : Cette loi entrera effectivement en vigueur dès le décès du président du Reich von Hindenburg..."

Le lendemain, dès la mort du maréchal, l'armée "prête devant Dieu le serment sacré d'obéir sans réserve à Adolf Hitler, Führer du Reich allemand et de la communauté raciale populaire allemande..." Le 19 août, une consultation populaire approuve la concentration des pouvoirs à 89, 9 % (participation = 95, 7).

"En apparence, un nouvel équilibre aux fondements solides s'est établi à la grande satisfaction de l'armée et de la bourgeoisie - sous la désormais incontestable direction du César Hitler" (N. Frei). Mais c'est oublier qu'en lui confiant, ainsi que le proclame alors Ernst Rudolf Huber, professeur de droit public à Leipzig, un pouvoir global, polyvalent, exclusif, illimité et juridiquement consacré, le *Führer* devient la nation, la volonté et la loi de la nation : "une concordance mystique qui fait que toute opposition au premier doit être considérée comme un crime de haute trahison envers la nation" (P. Milza, 1985). D'où l'instauration de la *Cour de justice de la communauté raciale populaire (Volksgerichtshof).*

D) La Cour de justice de la communauté raciale populaire

Du 21 septembre au 23 décembre 1933 se déroule le procès de l'incendie du Reichstag. Comparaissent devant la Cour suprême de Leipzig : le chômeur d'origine néerlandaise, Marinus van der Lubbe, pris en flagrant délit dans le bâtiment en flammes ; le président du groupe parlementaire communiste Ernst Torgler au nom du PCA ; le Bulgare Georges Dimitrov et ses collaborateurs Blagoï Popov et Vassil Tanev au nom de l'Internationale communiste. De ce procès, auquel ont été conviés une centaine de correspondants de presse et qui est radiodiffusé, les nazis espèrent une condamnation mondiale du communisme et une accréditation du *troisième Reich* en tant que "gendarme européen contre le péril rouge".

Leur attente va se solder par un camouflet :

– La diffusion en dix-huit langues du *Livre Brun sur l'incendie du Reichstag et la terreur hitlérienne* publié à Paris par des antifascistes allemands autour de Willi Münzenberg et la publication par la presse étrangère des conclusions du contre-procès de Londres (Cf. *Lu*, 29 septembre 1933) provoquent une vaste campagne internationale de réprobation.

– Dès la troisième audience, le 23 septembre, les débats tournent au désavantage de l'accusation. Dimitrov dénonce le tribunal et les autorités allemandes pour "falsification visant à attribuer aux communistes des méthodes de terrorisme individuel". Le brillant dialecticien marxiste prend l'initiative du procès. Face au monde entier, il affronte le juge Bünger, le procureur Werner, avocats et témoins. La retransmission sur les ondes doit être interrompue. Le 4 novembre, Göring est coincé et perd son sang-froid : "Je ne suis pas là pour que vous m'interrogiez comme si vous étiez un juge... A mes yeux vous êtes une canaille et vous méritez le gibet... Attendez seulement que nous nous occupions de vous une fois que vous serez sorti de la juridiction de ce tribunal, sale voyou" ! Expulsé de la salle d'audience au milieu d'un incroyable tumulte, Dimitrov lance encore ironiquement : “On dirait que vous avez peur de mes questions, Monsieur le ministre ?”

Le 8 novembre, c’est au tour de Goebbels d’être déstabilisé :

“G. : Je réponds aux questions de Dimitrov uniquement pour ne pas lui donner, ainsi qu’à la presse internationale, l’occasion de prétendre que je redoute d’y répondre. J’ai tenu tête à des gens d’une autre envergure que ce petit agitateur communiste !

D. : Toutes ces questions relèvent de l’accusation portée contre moi. Mes accusateurs prétendent que l’incendie du Reichstag visait à une transformation par la violence de la Constitution allemande. Je demande quelle Constitution était en vigueur en Allemagne les 30 janvier et 27 février ?

G. : La Constitution de Weimar ; peu importe qu’elle ait été bonne ou mauvaise ; elle était légale et nous l’avons acceptée ; nous ne voulions pas laisser les communistes la transformer ; c’est un droit que nous nous sommes réservés. Les amendements apportés jusqu’alors me semblaient très insuffisants.

D. : Voilà la preuve que vous ne respectez pas la Constitution allemande” !

Devenus accusés, les accusateurs en sont réduits à sauver la face. Le 16 décembre, Dimitrov, qui assure lui-même sa défense, ainsi que l’y autorise le § 258 du code de procédure pénale, prononce son ultime plaidoyer-réquisitoire qui fait immédiatement le tour du monde et est distribué clandestinement en Allemagne sous couvert d’une brochure vantant les mérites des appareils électro-ménagers électriques. Non content de démonter les mécanismes et les méthodes de la dictature nazie, il piège le président Bünger :

– “Je vous le demande, Monsieur le président, dans quel pays les fascistes ne sont-ils pas barbares et sauvages ?

– Vous ne voulez quand même pas faire allusion à la situation en Allemagne ?

– *(Sourire narquois de Dimitrov).* Certainement pas, Monsieur le président..."

Puis il en vient à sa conclusion :

"Monsieur le procureur général du Reich a réclamé l'acquittement des accusés bulgares, faute de preuves. Mais cela ne saurait me satisfaire. L'affaire n'est pas aussi simple. Cela n'écarterait pas les soupçons. Non. Au cours du procès, la preuve a été fournie que nous n'avons rien à voir avec l'incendie du Reichstag. C'est pourquoi aucun soupçon ne doit subsister. Nous, les Bulgares, ainsi que Torgler, devons être acquittés non pas faute de preuves, mais parce que comme communistes nous n'avons et ne pouvions avoir rien de commun avec cet acte *anticommuniste.*

Je réclame le jugement suivant :

1. La cour suprême reconnaît notre innocence dans cette affaire et l'accusation comme dénuée de fondement ; ceci vaut aussi bien pour moi que pour Torgler, Popov et Tanev ;

2. Van der Lubbe doit être considéré comme un instrument dont se sont servis les ennemis de la classe ouvrière ;

3. Les coupables de l'accusation injuste à notre égard seront traduits en justice.

4. Nous serons dédommagés aux dépens de ces coupables pour le temps perdu, notre santé mise à l'épreuve, les souffrances endurées.

(...)

Le temps viendra où ces exigences aboutiront avec des intérêts. Quant à la vérité totale sur l'incendie du Reichstag et les véritables incendiaires, ce sera bien entendu l'affaire du tribunal populaire de la future dictature du prolétariat. Au XVIIè siècle Galileo Galilée, le fondateur de la physique, comparaissait devant le tribunal de l'Inquisition afin d'être condamné à mort comme hérétique. Il s'est écrié avec fermeté et la conviction la plus profonde: "Et pourtant elle tourne, la terre tourne ! "Et ce principe scientifique est devenu par la suite patrimoine de l'humanité... Nous communistes pouvons dire aujourd'hui avec non moins de fermeté que le vieux Galilée : Et pourtant elle tourne, la roue de l'Histoire tourne, en marche vers une Europe soviétique, vers une fédération internationale des Républiques soviétiques. Et cette roue, mue par le prolétariat sous la direction de l'Internationale communiste, rien ne l'arrêtera - ni vos mesures d'extermination, ni vos peines de réclusion criminelle, ni vos condamnations à mort !"

La cour frise l'apoplexie, mais est acculée : le 23 décembre, elle rend son verdict :

"Les accusés Torgler, Dimitrov, Popov et Tanev sont acquittés. L'accusé van der Lubbe est condamné à mort et à la dégradation civique définitive pour haute trahison en concomitance avec incendie criminel à visée insurrectionnelle et simple tentative d'incendie criminel(...) L'accusé a agi avec d'autres personnes, peut-être un petit groupe. Le rapport d'expertise n'autorise aucun doute quant au fait qu'il n'a pu agir seul (...) L'accusé van der Lubbe a donc incendié le Reichstag en collusion consciente et voulue avec d'autres... Il est indubitable que l'incendie du Reichstag était un acte politique. La monstruosité de ce crime et du moyen utilisé est révélatrice de l'ampleur et de la violence de l'objectif recherché. Il ne peut s'agir que de la prise du pouvoir. Comme l'a exposé à juste titre le Docteur Goebbels au cours de sa déposition, la NSDAP, vu sa supériorité numérique et son rapide accroissement, était certaine de son succès électoral bien avant le 5 mars. Elle n'avait donc nul besoin d'améliorer ses perspectives électorales par un crime. La retenue imposée à ce parti par son idéologie exclut de tels actes criminels dont l'accusent a priori des agitateurs sans scrupules (...) Le procès a montré que les accusés Torgler, Dimitrov, Popov et Tanev ne peuvent être considérés comme complices de cet acte. Il est par contre prouvé que l'accusé van der Lubbe a incendié le

Reichstag. Pour incendier le Reichstag, il a agi de concert et en conscience avec des inconnus (...) Il est donc légitime de condamner l'accusé van der Lubbe à mort et à la dégradation civique, et de relaxer les autres accusés faute de preuves."

Van der Lubbe est décapité le 10 janvier 1934 ; après guerre, son frère, alléguant la loi sur la réparation des injustices perpétrées par le régime nazi, requiert sa réhabilitation ; en avril 1967, le tribunal de grande instance de Berlin annule la sentance de mort pour vice de forme (rétroactivité prohibée par l'article 116 de la Constitution de Weimar et le § 2 du code pénal) et prononce une peine de huit années de réclusion confirmée par la cour d'appel. Lors d'un nouveau pourvoi en révision en décembre 1980, le tribunal de grande instance de Berlin rend un arrêt d'acquittement que la cour d'appel casse quatre mois plus tard.

Malgré leur relaxe, les quatre leaders communistes sont maintenus en *préventive*. Ernst Torgler est envoyé en camp de concentration ; Goebbels le fait libérer en 1935 et l'engage comme propagandiste à la radio ; le comité central du PCA en exil l'exclut du parti ; en 1945 il sollicite sa réintégration qui est fermement repoussée, d'autant qu'il est suspecté d'avoir collaboré avec la Gestapo ; il adhère alors au parti socialiste et meurt début 1963 à Hanovre, à l'âge de soixante-neuf ans. Dimitrov, Popov et Tanev connaissent "jusqu'à nouvel ordre" les geôles de la Gestapo ; grâce à la solidarité internationale et à Staline qui leur accorde la nationalité soviétique, ils sont extradés par avion pour Moscou le 27 février 1934. Secrétaire général du *Komintern* jusqu'à sa dissolution en 1943, Dimitrov fonde en 1946 la République populaire de Bulgarie dont il est président du Conseil jusqu'à sa mort en juillet 1949.

Le fiasco du procès de l'incendie du Reichstag met les dirigeants nazis en rage. L'Académie du Droit allemand et la Ligue nationale-socialiste des juristes allemands *(BNSDJ)*, fondées et dirigées par Hans Frank, avocat et généalogiste attitré du *Führer*, s'insurgent (Cf. Wagner, 1974) :

"Le jugement du procès de l'incendie du Reichstag, aux termes duquel Torgler et les trois communistes bulgares ont été acquittés pour des motifs de formalisme juridique, est, en regard du sens de la justice propre à notre communauté raciale populaire, un jugement totalement erroné. Il nous est absolument impossible d'adhérer aux motivations du tribunal, vu qu'elles sont parfaitement incompatibles avec la conscience juridique de l'Etat allemand dans ses orientations politiques actuelles. Si le jugement avait été prononcé en conformité avec le Droit authentique, lequel prend racine dans le bon sens de notre communauté raciale populaire et doit de nouveau faire autorité dans la nouvelle Allemagne, son contenu aurait été tout autre... Si en Allemagne la révolution nationale-socialiste n'avait pas mis le communisme et ses représentants hors d'état de nuire, le danger communiste n'aurait jamais été éliminé par des procédures judiciaires viciées, telle que celle qui vient de s'achever. C'est pourquoi ce jugement erroné... révèle sans ambiguïté à notre communauté raciale populaire la nécessité d'une réforme fondamentale de notre vie juridique qui à bien des égards est encore influencée par cette pensée libérale et étrangère à notre communauté raciale dont nous avons secoué le joug".

Le 23 mars 1934, une réunion restreinte du gouvernement (Hitler, Göring, Röhm, le ministre de l'Intérieur Frick et le ministre de la Justice Gürtner) adopte la *Loi de réforme des dispositions de la législation et de la procédure pénales* qui paraît le lendemain au *Journal officiel* :

"Article 3. Cour de justice de la Communauté raciale populaire -

§ 1. Une Cour de justice de la Communauté raciale populaire est instaurée afin de juger les actes de haute trahison et d'atteinte à la sécurité de l'Etat. En audience au fond, la Cour de justice de la Communauté raciale populaire est composée de cinq membres, président inclu ; en dehors des audiences au fond, de trois membres, président inclu. Il est obligatoire que le président et un assesseur soient des magistrats professionnels. Plusieurs chambres peuvent être constituées. Le ministère public est représenté par le procureur général du Reich.

§ 2. Les membres de la Cour de justice de la Communauté raciale populaire et leurs suppléants sont nommés pour cinq années par le chancelier du Reich sur proposition du ministre de la Justice du Reich.

§ 3. La Cour de justice de la Communauté raciale populaire est compétente pour instruire et juger en première et en dernière instance tout acte de haute trahison..., d'atteinte à la sécurité de l'Etat... d'atteinte à la personne du président du Reich..., ainsi que tous les crimes décrits au § 5 (...) de l'ordonnance présidentielle pour la protection du peuple et de l'Etat du 28 février 1933... La Cour de justice de la Communauté raciale populaire est également compétente lorsqu'un crime ou un délit relevant de sa compétence est conjointement passible d'une autre peine. S'il est démontré qu'un crime ou un délit relevant de la compétence de la Cour de justice de la Communauté raciale populaire est conjointement passible d'une autre peine, il peut être décidé par indissolubilité que la procédure applicable au coupable et à ses complices est du ressort de la Cour de justice de la Communauté raciale populaire.

(...)

§ 5 : ... Aucun recours juridique n'est autorisé contre les décisions de la Cour de justice de la Communauté raciale populaire".

Le rôle de la Cour de justice de la Communauté raciale populaire n'étant "pas de dire le droit, mais d'anéantir les opposants au national-socialisme" (procureur Parrisius), elle n'a "pas à se soucier de la loi mais à décider l'élimination" (Goebbels). Les juges bénévoles (quatre-vingt-quinze en 1939, cent soixante-treize en 1944 !) sont recrutés dans l'armée, dans la police, dans la SS ou dans les organisations du parti nazi. Les juges professionnels (dix-sept en 1939, trente-huit en 1944) sont des militants avérés. De 1937 à 1942, sous la présidence du futur ministre de la Justice Thierack, la Cour de la Communauté raciale populaire prononce 666 peines de prison, 2 875 peines de réclusion, 240 condamnations à mort. Avec son successeur Freisler, un psychopathe fanatique, les sentances de mort deviennent la règle (4951) : "Les commandements de notre action, les postulats politiques garants de la bonne moralité de notre communauté et qui nous dictent nos jugements, nous sont directement inspirés par le bon sens de notre Communauté nationale-socialiste (...) Se positionner et fonctionner ainsi, surtout pour un juge, c'est éviter de s'égarer dans le labyrinthe des théories et des hypothèses, c'est se prémunir contre le doute générateur de faiblesse et d'égarement. C'est rester efficace. C'est marcher dans les rangs soudés de notre Communauté raciale populaire (allusion à la première strophe du chant de Horst Wessel, hymne du parti nazi. T.F.). Si la jurisprudence accepte ce principe directeur, notre Communauté raciale populaire saura que ses membres(...) ne sont pas jugés selon les règles d'une science occulte, mais conformément à la loi inhérente à l'âme de notre communauté raciale, conformément à notre perception commune de l'honnêteté. La loi de notre jurisprudence politique, c'est ce que le Führer exige de nous, ce qu'il nous dicte, ce à quoi il nous incite par son exemple. Ce n'est rien d'autre que la loi de notre existence même, la loi qui nous a rassemblés autour de lui. Nous avons une certitude : si nous jugeons dans un tel état d'esprit, non seulement les honnêtes gens comprendront nos jugements, ce qui serait insuffisant, ils ressentiront ces jugements comme s'ils les avaient eux-mêmes prononcés. Ainsi mûriront-ils leur caractère afin que ne cesse jamais l'autopurification de notre Communauté raciale populaire... La rigueur de nos jugements à l'encontre des traîtres est l'expression de notre amour pour notre communauté raciale en lutte(...) Toute faiblesse fait l'effet d'une épidémie. Dans notre travail, nous, tribunal de la communauté raciale populaire, sommes motivés par la foi nationale-socialiste, animés par l'énergie de notre conception politique du monde..." (Cit. in Hillermeier).

Redouté et méprisé par bon nombre de dirigeants du troisième Reich, Roland Freisler poursuit sa sinistre besogne jusqu'à sa mort le 3 février 1945, lors d'une attaque aérienne sur Berlin. Avec lui va disparaître un des instruments les plus efficaces de la terreur nazie. Après guerre, toutes les tentatives pour faire condamner les juges de la cour de justice de la Communauté raciale populaire resteront vaines. Nombreux seront ceux qui exerceront toujours leur profession et jouiront de leur retraite. Seul l'assesseur de Freisler, Hans-Joachim Rehse, sera inquiété puis gracié. Aujourd'hui encore, alors que les acteurs sont décédés, la discussion juridique quant au *caractère légal ou criminel* de la Cour de justice de la communauté raciale populaire est loin d'être close. Il serait pourtant tout à l'honneur de la nation allemande, ainsi que le faisait déjà remarquer Dietrich Strothmann le 7 janvier 1983 dans un long et virulent article de *Die Zeit,* que les actes d'injustice perpétrés entre 1934 et 1945 *au nom du peuple allemand* (*Im Namen des deutschen Volkes*, selon la formule de Freisler) soient officiellement dénoncés, afin de faire prendre *paradigmatiquement* conscience à l'humanité que le législateur et les lois peuvent être criminels et que l'application de ces lois peut constituer un crime.

CHAPITRE 2

AU JOUR LE JOUR : ÉPURATION, POLITISATION, INTIMIDATION

Lors de son entrevue avec Papen au domicile du banquier Schröder à Cologne, dans la matinée du 4 janvier 1933 - l'entrevue qui lui ouvre l'accès à la Chancellerie -, Hitler avait affirmé vouloir mettre en œuvre un train de réformes comprenant "l'élimination des marxistes et des juifs des positions de commande en Allemagne" et "la restauration de l'ordre dans la vie publique". Le 7 avril 1933, quinze jours après avoir obtenu les pleins pouvoirs, il assujettit les compétences séparées des Etats à l'autorité centrale du Reich par la nomination de gouverneurs régionaux *(Reichsstatthalter)* et promulgue une loi de réforme du fonctionnariat :

"Loi de restructuration de la Fonction publique

§ 1 : Dans le souci de restructurer la Fonction publique sur des bases nationales et de simplifier son administration, les fonctionnaires peuvent être révoqués en vertu des dispositions suivantes, quand bien même les conditions nécessaires à leur révocation définies par le droit en vigueur ne seraient pas remplies...

§ 2 : Doivent être révoqués les fonctionnaires titularisés depuis le 9 novembre 1918 et ne possédant pas la formation réglementaire ou conventionnelle, ni les qualités requises.

* *Décret d'application du 11 avril 1933 :* Sont considérés comme ne possédant pas les qualités requises tous les fonctionnaires membres du Parti communiste ou des organisations d'entraide ou affiliées au Parti communiste.

* *§ 2a du 20 juillet 1933 :* Doivent être révoqués les fonctionnaires membres du Parti communiste ou d'organisations paracommunistes ou liées au Parti communiste, ou ayant eu d'une façon quelconque des activités de type communiste(...) Seront également à révoquer les fonctionnaires qui auront à l'avenir des activités de type marxiste (communiste ou socialiste).

§ 3 : Seront mis à la retraite les fonctionnaires qui ne sont pas de descendance aryenne... Cette disposition ne s'applique pas aux fonctionnaires ayant combattu sur le front durant la guerre mondiale... ou dont le père ou un fils ont été tués au front durant la guerre mondiale *[restriction annulée par les Lois de Nuremberg du 15 septembre 1935].*

§ 4 : Peuvent être révoqués les fonctionnaires qui en raison de leurs activités politiques antérieures ne présentent pas toutes les garanties d'un engagement sans réserve et de tout instant en faveur de notre Etat national".

En battant en brèche les dispositions de la Constitution weimarienne garantissant l'accès sans discrimination de tout citoyen au service public (Art. 128), la stabilité de l'emploi et l'inviolabilité des droits acquis (Art. 129), ainsi que la liberté politique du fonctionnaire (Art. 130), ce texte allait avoir des conséquences décisives sur l'existence de bien des juristes, et d'une façon générale sur l'institution judiciaire désormais soumise au parti et à ses chefs. D'autant que la Loi d'accréditation au barreau adoptée également le 7 avril délibéralise la profession d'avocat et la *fonctionnarise*.

A) Les tribulations d'un juriste marxiste : Wolfgang Abendroth[1]

A partir des années cinquante, professeur de science juridique et politique à l'université de Marburg, Wolfgang Abendroth (1906-1986) a 27 ans lorsqu'il est arrêté le 1er avril 1933 par la SA en tant que militant communiste (*KPO*, ligne de "front unique" de Brandler et Thalheimer, opposée à la ligne officielle de la direction Thälmann). Relâché faute de charges suffisantes, il est néanmoins exclu de l'institut de formation aux carrières juridiques dès la publication de la loi de restructuration de la Fonction publique, juste avant de passer l'examen d'assesseur et de soutenir sa thèse. "Ce fut provisoirement la fin de ma carrière juridique".

Bien décidé à lutter, Abendroth émigre en Suisse : "Je m'étais toujours intéressé au droit international (...) A Bâle enseignait le professeur Arthur Baumgarten que j'estimais beaucoup. Ce juriste, un authentique démocrate, était spécialiste en philosophie du Droit et en Droit pénal. Il appartenait à la bourgeoisie de Bâle. J'avais fait sa connaissance à Francfort. A l'époque il n'était pas encore marxiste, mais s'inspirait de la méthodologie marxiste. C'est la raison pour laquelle il était connu de tous les juristes de gauche de Francfort. On pouvait discuter avec lui de façon concrète. Il s'intéressait notamment à la défense pratique des normes juridiques démocratiques. Il quitta l'université de Francfort dès 1933. Je le retrouvais à Bâle en novembre 1934. Il me fit remarquer qu'un citoyen du Reich allemand n'était plus autorisé à s'inscrire à l'université de Bâle et me conseilla de me rendre à Berne où les inscriptions étaient encore libres. A Bâle,

1. W. Abendroth, *Ein Leben in der Arbeiterbewegung*, Francfort-sur-le-Main, Editions Suhrkamp 1976, pp. 141 sq.

il m'aurait été possible de soutenir ma thèse en un semestre ; à Berne il me fallait avoir été inscrit pendant un an pour accéder au doctorat. La pilule était amère."

Après avoir satisfait à toutes les exigences du système universitaire helvétique et passé brillamment sa thèse en février 1935, Abendroth décide de rentrer en Allemagne. Bien que les spécialistes de droit international soient alors très recherchés par les grandes entreprises, il ne parvient pas à dépasser le stade de l'entretien parce que suspect politique. En 1936, il trouve un petit travail dans une banque berlinoise et rejoint la résistance antifasciste. Le 22 février 1937, il est arrêté par la Gestapo, puis condamné à quatre années de réclusion pour haute trahison. Mis en liberté surveillée, il finit par être affecté au sinistre "bataillon 999", une unité disciplinaire pour "soldats indignes de la patrie" où dominent les condamnés de droit commun. Soldat d'occupation en Grèce, il y noue des contacts avec l'armée clandestine de libération, puis est fait prisonnier par les Anglais. Après sa libération, il choisit de s'installer en zone soviétique. Nommé au ministère de la justice de Postdam grâce à Wilhelm Pieck (1876-1960), il s'occupe de la dénazification de la magistrature allemande. Devenu professeur de Droit public à Leipzig et Iéna, son enseignement ne tarde pas à lui valoir des accusations de déviationnisme. Il passe à l'Ouest en 1948 et sera un des très rares professeurs d'université titulaires marxistes enseignant en RFA.

B) Destitution d'un avocat/notaire juif : Siegfried Neumann[1]

Arguant du § 3 de la loi sur la restructuration de la Fonction publique, Roland Freisler, alors secrétaire d'Etat à la Justice, déclenche une campagne contre les juristes juifs. Siegfried Neumann, qui possède depuis 1925 un cabinet

---

1. S. Neumann, *Nacht über Deutschland*, Munich, Editions List 1978, pp. 84 sq.

réputé de consultation juridique et notariale dans la banlieue berlinoise, et compte de nombreux nazis parmi sa clientèle, reçoit du tribunal de grande instance de Berlin l'interdiction d'exercer comme avocat. Il est en outre prié de signer un engagement de ne plus officier comme notaire, "la Communauté raciale populaire s'indignant que des juifs puissent encore délivrer des documents officiels". Neumann s'exécute par peur de représailles, mais porte l'affaire devant la justice. Le fait d'apporter la preuve qu'il n'a jamais été communiste, mais membre du parti démocrate (DP), et a participé à la Première Guerre mondiale, ne suffit pas à satisfaire les nazis. Ils exigent une attestation sur l'honneur qu'il n'a jamais défendu de communistes et a réellement combattu au front. Après trois mois, il peut reprendre ses activités, ce qui n'est pas du goût de ses confrères "aryens". Les perquisitions de la police criminelle sont fréquentes. En vain, jusqu'au 30 septembre 1933 : "Ce jour-là arrivèrent dans mon bureau l'inspecteur principal des services judiciaires et un huissier du tribunal d'instance accompagnés d'un serrurier. Je dus interrompre ma consultation. L'inspecteur principal avait une mine d'enterrement. Je connaissais les vieux fonctionnaires du tribunal depuis dix ans. Il me remit un décret du ministère de la justice. 'En conformité avec l'article 4 de la loi sur la fonction publique vous êtes par la présente destitué de vos fonctions notariales'. L'huissier était venu pour opérer la notification, le serrurier pour démonter les sceaux officiels de ma presse à sceller. Je dus immédiatement remettre mes tampons et mes registres(...) Aucun motif ne me fut indiqué(...)" Le cabinet d'avocat ne résiste pas longtemps. Sa clientèle prétend avoir ignoré qu'il était juif et s'effrite. L'assistance judiciaire lui est désormais refusée. Les avocats juifs n'ont plus le droit de défendre des "aryens". Toutes les tentatives de Neumann pour faire valoir ses droits échouent, d'autant qu'aucun mandant ne souhaite suivre l'appel. Seuls quelques vieux clients israélites continuent à le consulter. Lorsqu'en septembre 1938, une loi interdit définitivement aux juifs toute activité de type juridique, Neumann envisage de quitter l'Allemagne. Arrêté au cours de la *Nuit de cristal* (9-10 novembre 1938), il est interné à Oranienburg puis autorisé à émigrer en Palestine avec sa famille après avoir cédé l'ensemble de ses biens pour une bouchée de pain.

C) Révocation de la "vieille génération"

Le caractère fédéral de l'organisation territoriale et politique du Reich (16 *Länder*) ne permettant pas, dans un premier temps, un contrôle centralisé des instances judiciaires, régionales, les nazis s'empressent d'en remplacer les cadres par des militants sûrs. Usant de pressions, ils nomment par exemple en mars 1933 le juriste Curt Ferdinand Rothenberger, 37 ans, ministre de la justice du *Land* de Hambourg. Humilié que sa nomination à la cour suprême de Leipzig ait été refusée en 1931 en raison de son trop jeune âge, Rothenberger s'est mis au service de la NSDAP. Dès la parution de la loi de restructuration de la Fonction publique, il révoque 31 juges et procureurs, ainsi que 44 avocats de la ville hanséatique. A l'adoption de la loi du 3 mai 1933 qui fixe à 65 ans l'âge limite de la retraite dans la magistrature, il démet le président, trois juges et tous les conseillers de la cour d'appel, de même que quatre magistrats du tribunal de grande instance. Il n'est pas certain que les "vieux messieurs" soient acquis à l'*esprit nouveau*. En attendant l'arrivée d'un nouveau personnel idéologiquement formé, les juges *de confiance* conservent leur poste, notamment pour la constitution de *Tribunaux d'exception* chargés de condamner les opposants au régime. Lorsqu'en 1935, après la *dérégionalisation* (*Verreichlichung* / 30 janvier 1934), l'ensemble des compétences judiciaires passe enfin entre les mains du ministre de la justice du Reich Franz Gürtner (1881-1941), Rothenberger devient président de la cour d'appel de Hambourg jusqu'à sa nomination en 1942 comme secrétaire d'Etat près le nouveau garde des sceaux, Otto Thierack.

D) Le remodelage de la formation juridique

Etudes théoriques	Université	Adhésion au parti ou à une organisation dépendante du parti
Examen théorique	Premier Examen d'Etat	Fournir la preuve de son attachement au National-Socialisme et de sa fiabilité politique.
Stage pratique	36 mois auprès d'un tribunal, avocat, etc.	participation obligatoire à des groupes de réflexion durant 18 mois (12 h/semaine) donnant lieu à la délivrance d'un certificat d'aptitude. Séjour obligatoire de 8 semaines au camp de préparation militaire pour stagiaires "Hans Kerrl" ([1]) à Jüterborg.
Examen pratique	Deuxième Examen d'Etat	Directeur du camp "Hans Kerrl", membre du jury
Entrée dans le service public	Assesseur	Adhésion à la Ligue nationale-socialiste des juristes

E) La politisation de la profession juridique : le "modèle hambourgeois"

Créée en 1928 par le juriste et avocat de Hitler Hans Frank (1900- exécuté en 1946), la *Ligue des juristes allemands*

1. H. Kerrl : 1887-1941, adhère à la NSDAP en 1923, ministre de la Justice de Prusse jusqu'en juin 1934. Nommé ministre du Reich sans portefeuille. Fonde le camp de Jüterborg en juillet 1934. Ministre aux Affaires religieuses à partir de juillet 1935.

nationaux-socialistes (Bund Nationalsozialistischer deutscher Juristen = BNSDJ), rebaptisée en 1936 Ligue nationale-socialiste des défenseurs du Droit *(Nationalsozialistischer Rechtswahrerbund = NSRB),* est chargée "d'inculquer aux futurs tenants de l'autorité juridictionnelle l'idéologie nationale-socialiste support de l'Etat total".

A Hambourg, dès l'été 1933, le juge Meinhof organise en collaboration avec l'institut d'eugénique de l'Université des séminaires de "science raciale" *(Rassenkunde)* adaptés au cursus juridique, à raison de deux heures hebdomadaires : "La conception nationale-socialiste du Droit ne peut être comprise qu'à partir des fondements biologiques de la politique raciale".

Basée au départ sur le volontariat, la fréquentation des séminaires est réduite. C'est pourquoi, en mars 1934, la participation de tous les étudiants, stagiaires et assesseurs à un cycle approfondi est rendue obligatoire et fait l'objet d'une épreuve spécifique aux examens et à l'entretien de titularisation. Néanmoins, le directeur de l'institut d'eugénique de l'Université de Hambourg, Walter Scheidt, ne cessera de se plaindre du peu d'intérêt porté par les jeunes à sa matière. Lorsqu'arrivent à l'université, à partir de 1937, des générations toujours plus intoxiquées par l'enseignement initial primaire et secondaire, les cours de science raciale sont interrompus.

Par contre les étudiants sont désormais conviés durant le week-end à des stages intensifs au château de Barsbüttel à une quinzaine de kilomètres à l'est de Hambourg. Dans une ambiance militaire propre à révéler leurs aptitudes à s'affirmer au sein du groupe et à prendre des responsabilités, ils y suivent des conférences sur la réforme du droit pénal, les nouvelles institutions administratives, la nouvelle politique économique, la législation raciale, la vocation impérialiste du Reich, etc.

Fin 1937, le ministère de la Justice étend le "modèle hambourgeois" à l'ensemble de l'Allemagne.

F) L'Organisation de la justice sous le Troisième Reich

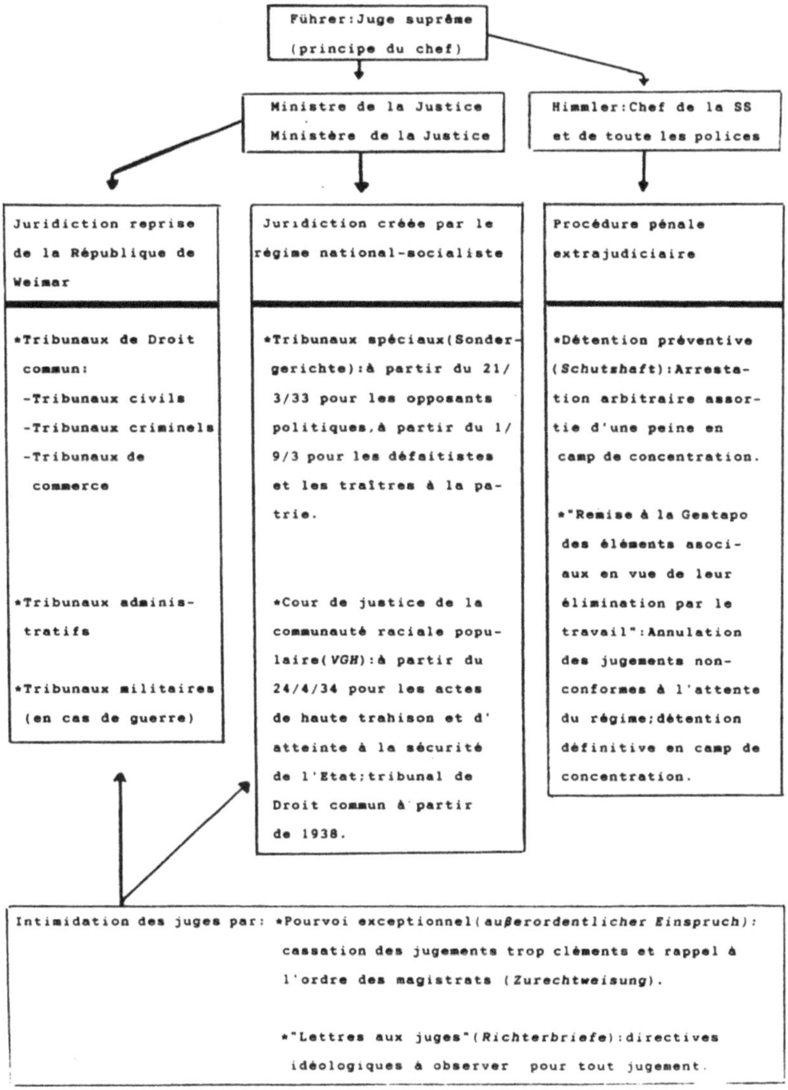

G) “Le poteau d’exécution pour les êtres nuisibles”

L’invasion de la Pologne, le 1er septembre 1939, marque le début de la Deuxième Guerre mondiale et s’accompagne sur le plan judiciaire de la promulgation d’une masse de décrets et de lois qui aggravent d’une façon générale les peines jusqu’alors prévues par le code pénal et sanctionnent de “nouveaux crimes”, tels l’écoute d’une station-radio étrangère, le non-respect des dispositions sur le rationnement, le marché noir, les attitudes ou propos défaitistes.

Afin de dissuader les Allemands de toute transgression, le directeur de l’office de presse juridique de Berlin, Alfred Klütz, fait paraître en 1941 sous l’égide de “l’Office allemand d’éducation populaire” *(Deutsches Volksbildungswerk)* une brochure de cent pages, *Le poteau d’exécution pour les êtres nuisibles,* dans laquelle il recense des cas exemplaires ayant fait l’objet de poursuites devant les tribunaux spéciaux ou la Cour de justice de la Communauté raciale populaire. Y sont visés : les ennemis de l’Etat, les criminels, les marginaux, les profiteurs, les parasites, le flou des concepts étant propre à intensifier la dissuasion. A titre d’exemple :

Alfred Dockhorn, 29 ans, marié, deux enfants, est ouvrier dans une usine de confection. Il fait la connaissance de Karl Schröder, un transporteur. Les deux hommes se lient d’amitié et en juillet 1939 Schröder propose à Dockhorn d’améliorer l’ordinaire en l’aidant à vendre contre un substantiel pourcentage des poulets en provenance de la ferme de son oncle. Dockhorn vend une quarantaine de poulets à des parents ou amis. A la mi-septembre Schröder, qui a déjà été condamné à plusieurs reprises pour vol, est arrêté en flagrant délit alors qu’il dévalise un poulailler, et dénonce son vendeur lors de l’interrogatoire. Tous deux comparaissent début octobre devant le tribunal spécial de Berlin-Moabit. Dans son réquisitoire, le procureur réclame la peine de mort pour Schröder en tant qu’ “être nuisible” et à l’encontre de Dockhorn dix années de réclusion et de déchéance de ses droits civiques pour recel.

Quelques minutes plus tard Schröder est condamné à mort et Dockhorn, vu son casier vierge et sa profonde naïveté, à huit années de réclusion et cinq années de déchéance des droits civiques, les sentences étant immédiatement exécutoires, Schröder est décapité. En juillet 1944 Dockhorn est tiré de sa cellule et affecté au "bataillon disciplinaire 999" afin de se "réhabiliter au combat". On n'entendra plus jamais parler de lui. Son bénéfice net pour le commerce des poulets s'était élevé à 60 marks !

Dans ses mémoires, *La Mort au quotidien* (*Tödlicher Alltag*, 1981), Dietrich Güstrow, avocat à Berlin entre 1935 et 1945, rapporte, outre l'affaire Dockhorn (pp. 15-19), de nombreux épisodes similaires, notamment celui du pauvre Eugen Wasner, compagnon de jeu de Hitler durant son enfance, et guillotiné en 1943 pour avoir lors d'une beuverie raconté en détail à ses compagnons du front comment "Adolf, déjà dingue tout petit" aurait "parié de faire pipi dans la bouche d'un bouc" qui lui aurait "arraché la moitié du zizi" (pp. 111-120).

Sous le troisième Reich, la moindre blague pouvait constituer un forfait passible de la peine capitale. On doit à Hans-Jochen Gamm d'avoir insisté sur ce point dans une remarquable documentation (cf. bibliographie). Dans les archives de la cour de justice de la communauté raciale populaire, on trouve le cas suivant cité par H. Hillermeier (pp. 63-65) :

En juin 1943, une dessinatrice industrielle dont le mari a été tué au front est jugée pour avoir raconté à ses compagnes de travail que Göring, interrogé par le Führer sur la façon dont il pourrait procurer une joie inoubliable aux Berlinois, lui aurait répondu : en sautant de la tour T.S.F. Elle aurait en outre incité des travailleurs tchèques à s'enfuir et leur aurait affirmé que Hitler méritait la mort pour avoir déclenché la guerre.

Jugement de la Cour de justice de la Communauté raciale populaire :

"Cette 'blague' reflète toute l'infamie d'une agitation visant à discréditer notre Reich et notre communauté raciale. Quiconque l'entend, voire la répète, en prend immédiatement conscience : elle commotionne l'auditeur. Elle mine la confiance, la foi en la victoire, la combativité de notre communauté raciale. Elle entraîne dans les bas-fonds d'une propagande hostile à notre Reich ce qui nous est le plus sacré : notre Führer(...) Madame X a attiré notre attention sur le fait qu'elle était veuve d'un combattant, que la douleur de la mort de son mari l'aurait conduite à ce comportement. Mais la douleur ne peut conduire une veuve de guerre allemande à un tel comportement, surtout pas un an et demi à deux ans après le sacrifice héroïque de son mari(...) et après avoir souillé son honneur en ayant des relations successives avec des Tchèques. Ce qu'a fait Madame X(...) relève d'une des plus graves entreprises de démoralisation qui puissent être. Une Allemande, une veuve de combattant oublieuse de son essence allemande... a au sein d'une importante usine d'équipement militaire souhaité notre défaite, elle a pour terminer la guerre incité les travailleurs à déserter leur poste comme lors de la grève de 1917 dans les usines d'armement, elle nous a rendu responsables de la guerre et a osé s'attaquer à la personne de notre Führer en souhaitant qu'il soit tué!

Pour un tel cas, notre Droit prévoit à juste titre la peine de mort..."

H) Licencié pour carence idéologique

En janvier 1940, un cadre d'entreprise est licencié sans préavis ni indemnités par son patron pour "incompréhension envers l'éveil allemand" et "manque de conscience nationale" dans une firme "persuadée de sa mission" envers le régime national-socialiste. Certes le patron reconnaît à son employé d'excellentes compétences et un travail irréprochable, mais il lui reproche d'avoir à deux reprises refusé de donner à une quête de l'organisation de solidarité et d'entraide du parti et d'avoir, en dépit de plusieurs avertissements, toléré que son épouse continue à faire ses courses chez un épicier juif de son quartier.

L'employé porte l'affaire devant le Conseil central des prud'hommes *(RAG)* contrôlé par le Front du Travail *(DAF)*. La cause est rapidement entendue. Il est débouté, son licenciement est confirmé. De fait, il est impensable qu'un cadre d'entreprise ne serve pas de modèle à ses subordonnés et donc puisse s'autoriser une conduite contraire aux préceptes idéologiques du régime national-socialiste (Archives RAG - 109 / 39).

CHAPITRE 3

LE CHAMP D'ACTION DE LA JUSTICE SOUS LE TROISIÈME REICH

Sous le régime impérial wilhelminien (1890-1918), l'organisation de la société allemande repose sur un rapport triangulaire *(Dreiecksverhältnis)*. Le pouvoir politique appartient certes à la noblesse, mais celle-ci doit nécessairement composer avec le pouvoir économique détenu par la bourgeoisie, laquelle à son tour ne peut négliger le pouvoir productif, c'est-à-dire les travailleurs, dont la social-démocratie parlementaire et les syndicats se veulent l'expression. Cette "union sacrée" *(Burgfriede)*, conçue pour désarmer le mouvement révolutionnaire et assurer la paix sociale, s'articule sur un consensus éthique communautaire dont l'affirmation de la grandeur nationale constitue la clef de voûte. Ceci explique en grande partie l'enthousiasme avec lequel l'Allemagne dans son ensemble va accueillir la guerre de 1914 (Voir Heinrich Mann, *Le Sujet de l'Empereur*, 1916). Dans ce contexte, la fonction de la justice est de garantir le respect des valeurs communautaires et d'assurer le bon fonctionnement du système. Elle veille à ce que les droits et les devoirs consensuellement fixés par les différents partenaires au sein du Parlement et consignés dans le corpus législatif soient effectifs. Pour autant que la classe ouvrière reste exploitée, elle n'en bénéficie pas moins d'un minimum de liberté individuelle, ne serait-ce que le droit de s'exprimer par son vote, de faire valoir certaines revendications, ou encore d'avoir recours à la médiation d'une juridiction lorsque le dispositif légal est bafoué.

Sans désamorcer la prépondérance de l'oligarchie dominante et de la bourgeoisie dont l'alliance se resserre dès l'établissement de la République, le régime de Weimar apporte incontestablement quelques avancées démocratiques dont la justice se pose en garant. Dans les entreprises, et entre les entreprises et l'Etat, se constitue une communauté d'intérêt dont les syndicats, et au niveau supérieur le parti social-démocrate et ses alliés (parti démocrate, Centre catholique) en charge de l'exécutif et du législatif sont cogestionnaires. Si la paix sociale s'en trouve tant bien que mal préservée (grâce notamment à un faible taux de chômage), les classes laborieuses n'y trouvent pas pour autant leur compte et le droit de grève fait fréquemment l'objet d'interprétations tendancieuses de la part des juges. L'élection de Hindenburg à la présidence en 1925 amorce l'ère du capitalisme monopoliste d'Etat et de la reconstitution de la puissance militaire allemande. Les forces conservatrices gagnent du terrain et le patronat remet en cause les acquis sociaux. En 1926, les princes, dont les biens ont été placés sous séquestre en 1918, sont indemnisés. A partir de l'année suivante, la direction du parti social-démocrate et les responsables des syndicats qui y sont affiliés entament un recul idéologique en s'affirmant partie prenante dans la réorganisation de l'économie telle que la souhaitent les grands patrons. Grâce à ce consensus, la justice peut se faire de plus en plus agressive à l'égard des revendications ouvrières. La crise qui éclate fin 1929 plonge le pays dans le marasme. Dès 1930, le président tend à user de plus en plus souvent des pleins pouvoirs que lui reconnaît "à titre exceptionnel" l'article 48 de la Constitution. En 1931, c'en est fini du régime parlementaire. Désormais les gouvernements successifs (Brüning, von Papen, von Schleicher) légifèrent par ordonnances sans pour autant parvenir à endiguer l'augmentation du chômage (en février 1932, un tiers des salariés). Toutefois, si le peuple allemand est réduit à la misère, le capitalisme résiste. "Sans doute les sociétés par actions accusent-elles en 1931 / 1932 un déficit global de plus de 2 milliards de RM, mais celles qui ne sont pas déficitaires n'en distribuent pas moins 470 millions de dividendes, soit 2,56 % sur la valeur des titres" (G. Castellan, 1969). Pour remédier à la situation, le parti communiste propose une transformation révolutionnaire de la société et un programme internationaliste de rassemblement autour de l'Union soviétique. Mais, secoué par les conflits internes, canalisant ponctuellement les mécontentements, il ne réussit pas à mobiliser durablement (Cf. O.K. Flechtheim, 1972). Son radicalisme inquiète. Par contre, l'habileté du parti nazi réside dans une stratégie d'aliénation des masses laborieuses au système constitué, qu'il idéalise sous le nom de "congrégation populaire" *(Volksgemeinschaft)* où tout antagonisme entre pouvoir politique, pouvoir économique et pouvoir productif disparaîtra sous l'égide d'un dirigeant unique et omniscient *(Führer).* La cohésion nationale réalisée au nom de la défense de la race effacera les oppositions de classe, "l'honneur d'être du même sang que M. Krupp faisant oublier que l'on est exploité par lui" (G. Politzer, 1984). Si l'idée est séduisante pour les acteurs économiques qui perçoivent tout le profit qu'ils pourront en tirer et dès lors apportent leur soutien à Hitler, elle sollicite aussi les masses en plein désarroi. Néanmoins, les dirigeants nazis ne sont pas sans ignorer que jouer la carte d'un capitalisme intégral et impérialiste, et donc fatalement belliciste, ne saurait se suffire d'une mystique, dès lors que les masses entreverront l'ampleur des sacrifices que l'on exige d'elles. Aussi vont-ils solliciter en profondeur l'appareil juridique et en remanier les concepts fondamentaux pour redéfinir le statut social du citoyen et évacuer tout projet personnel face à un projet présenté comme étant d'intérêt communautaire, alors qu'il ne servira en réalité, comme l'avait montré en son temps Daniel Guérin *(Fascisme et Grand Capital,* 1965*),* qu'à inféoder l'individu aux intérêts des magnats capitalistes (réalisation d'une *Communauté économique européenne*[1]) et des grands propriétaire fonciers (colonisation de l'Est européen). "L'on vit ainsi prospérer de sombres avocats qui protégeaient l'injustice devant les tribunaux..." (E. Jünger, *Sur les falaises de marbre*, 1939).

A) La justice au service de l'inféodation de l'individu

Une fois au pouvoir, qu'exigent les nazis de tout Allemand digne de ce nom?

* Le renoncement à sa personnalité

– "L'Etat total est nécessairement un Etat dans lequel la responsabilité est totale. Il consiste en l'implication totale de chaque individu pour la nation. Cette implication abolit le caractère privé de l'existence individuelle. Dans tous les domaines, dans ses actes publics comme au sein de sa famille ou de sa communauté domestique, chaque individu est responsable du destin de la nation. Ce qui est essentiel, ce n'est pas que l'Etat édicte des lois ou promulgue des ordres concernant la moindre cellule de la vie de notre communauté raciale populaire. Ce qui est essentiel, c'est qu'il puisse exiger là-aussi que l'individu fasse preuve de responsabilité, qu'il puisse lui demander des comptes s'il ne surbordonne pas totalement son destin individuel à celui de la nation. Cette exigence de l'Etat est totale et s'adresse à tous les membres de la communauté raciale populaire. C'est elle qui définit l'essence nouvelle de l'Etat." (Ernst Forsthoff, 1933).

---

1. *Europäische Wirtschaftsgemeinschaft* : titre d'un ouvrage collectif publié en 1942 chez l'éditeur berlinois Paschke par l'Association allemande du commerce et de l'industrie.

– “Ce n’est que lorsque la conception raciste du monde s’est imposée politiquement, qu’il est réellement devenu possible de triompher de la conception libérale des droits fondamentaux. Il était tout particulièrement nécessaire de supprimer les droits garantissant la liberté individuelle face au pouvoir de l’Etat. Ces droits sont incompatibles avec le principe d’un Reich raciste. Il ne saurait exister pour l’individu une liberté qui lui serait propre, qui se situerait au-dessus ou en-dehors de l’Etat, que l’Etat aurait le devoir de respecter. L’individu isolé a été remplacé par le membre de la communauté raciale populaire, maillon de la chaîne communautaire indissociable de la totalité de la communauté politique et participant de son action d’ensemble. Il n’est désormais plus possible d’admettre l’existence d’une sphère privée et indépendante de l’Etat, qui, face à l’unité politique, serait intangible et sacrée. Voilà la raison pour laquelle la constitution du Reich raciste ne repose pas sur un système de droits individuels donnés à la naissance et imprescriptibles”. (Ernst Rudolf Huber, 1939).

* L’affirmation de son identité communautaire

– “C’est non seulement par instinct, mais sur la base des données scientifiques les plus sérieuses, que nous savons que tout Droit ne peut être que le Droit d’une communauté raciale définie. C’est une vérité qui découle de la théorie de la connaissance que seul est à même de considérer les faits avec justesse, d’entendre des témoignages avec justesse, de comprendre des propos avec justesse et d’apprécier les hommes et les choses à leur juste mesure, celui qui, se conformant à son essence et se laissant guider par son espèce, participe de la communauté créatrice du Droit et y adhère existentiellement. Jusque dans les élans les plus enfouis et les plus inconscients de son âme, jusque dans la moindre fibre de son cerveau, l’homme s’inscrit dans la réalité de son appartenance à une communauté raciale et à une race. Ne peut être objectif quiconque le souhaite et croit subjectivement en bonne conscience avoir fait l'effort suffisant pour être objectif. Un étranger à notre espèce aura beau avoir un comportement critique et faire assaut d'ingéniosité, lire et écrire des livres, il pensera et comprendra *autrement* parce qu'il est d'une autre espèce et reste, dans toute démarche décisive de sa pensée, existentiellement conditionné par sa propre espèce. Voilà la réalité objective de "l'objectivité".

Nous cherchons à nous référer à un critère qui soit plus fiable, plus vivant et profond que la référence fallacieuse à la lettre de milliers de paragraphes de lois susceptibles d'interprétations. Où trouver ce critère de référence sinon en nous-mêmes et dans notre propre espèce" ? (Carl Schmitt, 1933).

– "A l'opposé de ce qui se passe dans l'Etat libéral, nous n'avons pas la faiblesse d'avoir des égards pour l'individu en ce qu'il aurait de particulier. Concernant la peine à appliquer et l'exécution de cette peine, il n'existe qu'une seule façon de procéder envers celui qui viole notre Droit et se révèle un ennemi de notre Etat et de notre congrégation populaire : user d'une sévérité inflexible et, si besoin, l'éliminer radicalement... Nous savons dorénavant que la forme du crâne et les autres caractères raciaux de l'homme ne sont ni l'effet du hasard, ni indifférents, mais qu'ils sont, tout au contraire, l'expression et le fondement de ce qu'il ressent et veut au tréfonds de lui-même. Comme le dit si bien Alfred Rosenberg dans son *Mythe du XXè siècle*, l'âme représente la race considérée de l'intérieur. Et inversement, la race est la face visible d'une âme..." (Günther Küchenhoff, 1934).

* Sa subordination idéologique

– "C'est pourquoi l'une des caractéristiques de l'authenticité de la révolution nationale-socialiste réside dans la redécouverte par notre mouvement d'une source antérieurement tarie : l'ethnicité, et dans la mise en valeur d'une source nouvelle : l'infaillibilité de notre Führer. En outre, elle se distingue en tant que mouvement créateur par sa volonté de donner un contenu neuf au concept de justice et, de ce fait, par son exigence à imposer un nouvel idéal juridique. Il ne s'agit plus de l'idéal juridique traditionnel d'égalité formelle entre des individus qui jouiraient de droits civiques sur une base abstraite ; c'est l'idée que les membres de notre communauté juridique, définis par leur appartenance raciale, doivent faire honneur au privilège de leur condition. La prétention de l'Etat national-socialiste est de saisir l'existence terrestre de l'homme dans sa totalité. Elle ne s'arrête ni aux traditions historiques,ni à de vagues droits fondamentaux ou droits de l'homme... Au quotidien de notre vie juridique, le national-socialisme authentique se manifestera prioritairement, en toute humilité et loyauté, dans la symbiose avec la pensée de notre Führer". (Erik Wolf, 1934).

– "Le libéralisme, dénué de toute conception globalisante et unitaire de notre communauté raciale et de notre Etat, n'avait pour ce motif aucune intelligence pour la nature réelle de l'autorité. Conformément à son principe, l'Etat libéral est toujours "un Etat défenseur de la liberté et affranchi de toute autorité". Lorsque Hitler a fait de "l'autorité de tout chef sur ses subordonnés, mais de la responsabilité de tout chef envers ses subordonnés", le fondement de la construction de l'Etat allemand dirigiste, il a par là même défini la nature du dirigisme authentique. Car ce qui est essentiel pour l'Etat dirigiste, c'est l'acceptation du principe que les dirigeants ont un devoir de responsabilité envers la communauté. C'est l'unique moyen pour sceller politiquement notre unité et notre communauté. C'est l'unique moyen pour obtenir la fusion politique consciente de la communauté raciale et de l'Etat, qui constitue l'essence de l'Etat autoritaire authentique. L'Etat dirigiste est toujours porteur de caractères antilibéraux. Il ne sera jamais façonné et forgé par le type libéral, mais exclusivement par ce type d'hommes qui sont pénétrés de la conscience de leur intime fusion avec leur communauté raciale et leur Etat. C'est pourquoi l'Etat total ne se peut se concevoir que comme un Etat porté par une conception bien définie de l'Etat. Voilà la raison pour laquelle l'Etat dirigiste allemand doit inculquer la conception nationale-socialiste de l'Etat à l'ensemble de notre communauté raciale populaire afin d'homogénéiser ses comportements. Telle est la mission intrinsèque de notre parti qui, en tant que mouvement, n'a plus rien à voir avec les anciens partis". (Otto Koellreutter, 1934).

* Son allégeance au Führer

– "Lorsque, fort de son infaillibilité, notre Führer, en tant que juge suprême, fait haute justice sans en appeler aux tribunaux, il préserve notre Droit de la pire utilisation qui soit... Le vrai chef se double toujours d'un juge. C'est de l'infaillibilité inhérente au chef qu'émane son infaillibilité en tant que juge. Quiconque veut séparer, voire opposer ces deux aspects, transforme le juge en opposant du chef ou en instrument d'un opposant du chef, et cherche à déstabiliser l'Etat en s'appuyant sur la justice(...) En vérité, l'action conduite par notre Führer [c'est-à-dire "La nuit des longs couteaux". T.F.] a été l'expression authentique de sa compétence juridictionnelle. Expression de la justice suprême, elle ne saurait être subordonnée à des principes juridiques(...) L'infaillibilité de notre Führer en tant que juge jaillit de la source d'où jaillit tout Droit de toute communauté raciale. C'est à l'heure du péril suprême que se révèle le Droit suprême et que se manisfeste le degré suprême de l'accomplissement du Droit par le juge vengeur. Tout Droit tire son origine du droit vital de la communauté raciale populaire..." (Carl Schmitt, 1940).

– "J'attends sans contredit une chose : que partout où l'on n'obéit pas et n'agit pas inconditionnellement au service de cette mission supérieure où il y va de notre existence ou de notre non-existence, la nation me donne le droit d'intervenir immédiatement et d'agir personnellement en conséquence... Nul en cette heure ne peut se prévaloir de droits acquis. Que chacun sache bien qu'il n'a aujourd'hui plus que des devoirs". (Adolf Hitler au *Reichstag*, 26 avril 1942).

Du corpus des textes précédemment cités (on pourrait en évoquer de nombreux autres) ressort la volonté de réduire l'individu à un rouage de la machine totalitaire nazie et d'instrumentaliser la justice, de telle sorte que "renonçant à son ancienne prétention héritée de l'Etat libéral de droit d'exercer son contrôle sur l'Exécutif" et se soumettant "désormais au contrôle de l'Exécutif" (A. von Brünneck, 1979), elle devienne l'outil de l'inféodation de l'individu au régime. Cette instrumentalisation fut une réussite : d'une part, parce que les juges, en partie dépouillés de leurs prérogatives par la Gestapo qui était à tout moment en mesure d'opérer une révision des jugements, prirent l'habitude d'anticiper sur ces possibles révisions par une aggravation des peines en conformité avec les vœux du régime. D'autre part, parce que les juges, dans leur majorité opposés au normativisme républicain, avaient sous Weimar adopté la tactique de "l'interprétation illimitée", si bien qu'ils étaient rodés à une manipulation du code en fonction de leur déterminisme politique (M. Stolleis, 1982). Une sorte de "Droit naturel" avait vu le jour[1], dont les linéaments, constitués d'antidémocratisme et de nationalisme ultratudesque, n'étaient guère éloignés des grands principes ouvertement affichés par le nazisme[2]. L'ampleur d'une telle

1. C'était aussi le cas chez les rares juges marxistes (Voir le juge Azdak du *Cercle de craie caucasien* de Brecht).

2. Gérard Mendel a raison d'insister : "... la République de Weimar où des structures politiques démocratiques planaient au-dessus d'un paysage humain, culturel, social, d'une tout autre nature". *De Faust à Ubu*, L'Aube, p. 138.

pratique mériterait une étude spécifique, même si en leur époque certains auteurs comme Tucholsky, Ossietzky, et le secrétaire de la Ligue des Droits de l'Homme, Kurt R. Großmann, l'avaient dénoncée. Toujours est-il que le glissement vers le troisième Reich se fit relativement sans heurt et qu'avec le temps les juges d'une parfaite équité devinrent de plus en plus rares, souvent au demeurant plus par souci de tranquillité et carriérisme que par réelle conviction.

S'il est juste de rendre hommage à quelques juristes n'ayant pas failli (notamment les résistants Klaus Bonhoeffer et Friedrich Justus Perels qui seront assassinés par la SS, l'avocat Dietrich Güstrow qui mettra tout en œuvre pour sauver des condamnés, ou encore Willmar Hager, juge d'instruction à la cour de justice de la Communauté raciale populaire, qui protègera des militants antinazis), il convient toutefois de signaler trois noms révélateurs de ce que l'association justice / fanatisme politique peut produire de pire[1] :

– Franz Gürtner : né à Regensburg en 1881, Gürtner fait de brillantes études juridiques et obtient en 1909 un poste de conseiller auprès du ministère bavarois de la justice. Après la Première Guerre mondiale où il est officier sur le front, il devient membre du très réactionnaire parti allemand national-populiste (DNVP) et est nommé en 1922 ministre de la Justice du *Land* de Bavière. Opposé à la république, d'une extrême virulence envers les “marxistes”, il couvre de son autorité les exactions de la *Vehme*[2] et du parti nazi. Appelé comme ministre de la Justice du Reich par Papen en 1932, il conserve son poste jusqu'à sa mort en 1941. Signataire de nombreuses lois criminelles promulguées par le régime nazi, soucieux d'une collaboration totale des juristes allemands avec le troisième Reich, il échouera dans son projet de codification de

---

1. Sans oublier le stalinien Wyschinski, procureur général d'URSS de 1935 à 1939, dont Goebbels admirait tant les méthodes expéditives !

2. cf. note page 19.

l'internement en camp de concentration, domaine réservé de la SS. Hitler et la plupart des hauts dignitaires nazis seront présents à ses obsèques.

– Otto Thierack : né à Wurzen en Saxe en 1889, Thierack fait ses études de Droit à Marburg et Leipzig. Volontaire durant la Première Guerre mondiale, il exerce à partir de 1921 comme procureur à Leipzig et Dresde, et s'inscrit au parti nazi. Vice-président de la Cour suprême de Leipzig, premier président de la Cour de justice de la Communauté raciale populaire *(VGH)* à partir de 1936, Hitler l'appelle en 1942 à la succession de Gürtner et à la direction de l'Académie du Droit allemand. Définissant la justice comme l'auxiliaire de la volonté du Führer, il veillera à ce que les magistrats répondent aux attentes du régime. Il se suicidera en 1946 pour échapper à son procès.

– Roland Freisler : né à Celle en 1893, Freisler, dont le nom signifie étymologiquement "féroce", fait d'excellentes études de Droit avant de participer à la Première Guerre mondiale. Prisonnier en Russie, il est fasciné par les méthodes bolcheviques. Devenu membre du parti nazi en 1924, il est élu au conseil régional de Prusse, puis comme député au Reichstag. Nommé secrétaire d'Etat à la justice en 1933, il se fait remarquer pour son fanatisme. Auteur de nombreuses publications, membre influent de l'Académie du Droit allemand, il s'impose comme un des principaux théoriciens du national-socialisme en matière de justice. En janvier 1942, il participe à la conférence de Wannsee pour le règlement définitif de la question juive et succède en août à Thierack à la présidence de la Cour de justice de la Communauté raciale populaire *(VGH)*. D'un sadisme sans limite, humiliant les inculpés, décidant seul de la procédure, il est responsable de plusieurs milliers d'exécutions. Il sera tué en février 1945 lors d'un bombardement sur Berlin.

Relevons aussi que quelques juristes, bien que ne s'étant pas ouvertement salis les mains, ont contribué dans l'ombre, mais avec zèle, à la mise en œuvre des projets hitlériens.

– Wilhelm Stuckart : né en 1902 à Wiesbaden, Stuckart étudie le Droit à Francfort et Munich. Il adhère au parti nazi en 1922. Membre de la SS, auteur de plusieurs propositions pour le règlement de la question juive, il est nommé en 1935 secrétaire d'Etat au ministère de l'Intérieur et se charge de la rédaction des lois raciales de Nuremberg. Il participe en janvier 1942 à la conférence de Wannsee où il propose la stérilisation contrainte des "races inférieures" et la dissolution systématique des mariages mixtes, afin que les juifs ne bénéficient plus de la protection de leur conjoint aryen. Arrêté et incarcéré en 1945, il est relaxé en 1949, le tribunal manquant de preuves tangibles pour le convaincre de crime contre l'humanité. Il meurt dans un accident d'automobile en 1953.

– Hans Globke : né à Düsseldorf en 1889, Globke fait des études de Droit, et entre dans l'administration. Membre du Centre catholique, il occupe de hautes fonctions dans la police avant de devenir en 1929 conseiller au ministère de l'Intérieur. Nommé dans le service de Stuckart, il publie en 1936 un commentaire des lois de Nuremberg afin d'en élargir le champ d'application. En août 1938, il exige que les prénoms *Israel* et *Sara* soient obligatoirement accolés par tous les juifs à leur prénom usuel si celui-ci ne permet pas de détecter immédiatement leur origine sémitique. Durant la guerre, il s'attache à codifier l'aryanisation des territoires occupés et produit un décret stipulant que les biens des juifs *décédés* reviennent automatiquement au Reich. Incarcéré en 1945, il est bientôt relaxé. Il adhère à la CDU et reprend du service comme haut-fonctionnaire ministériel. En octobre 1953, le Chancelier Adenauer en fait son secrétaire d'Etat, jusqu'à ce que la presse internationale s'empare de l'affaire. Devenu la cible d'une vaste campagne de protestation, condamné par contumace à la détention à perpétuité par la Cour suprême de RDA, Globke prend sa retraite en 1963. Interdit de séjour en Suisse, où il voulait s'établir, il meurt à Bad-Godesberg en 1973.

Mentionnons encore la dérive sanguinaire de Hans Frank : né en 1900, adhérent précoce du parti nazi, Frank étudie le Droit à Munich ; avocat du Führer à partir de 1926 (il est notamment l'instigateur du *serment de légalité* du 25 septembre 1930), député au Reichstag, fondateur de la Ligue nationale-socialiste des juristes et de l'Académie du Droit allemand, il s'attache à l'élaboration d'une doctrine juridique conforme à la vision du monde nationale-socialiste. C'est en octobre 1939 qu'il change radicalement de secteur d'activité et devient tristement célèbre dans le monde entier : nommé administrateur du *Gouvernement général* de Pologne (territoires non intégrés au Reich), il réduit la population à l'esclavage, se fait le maître d'œuvre de la liquidation de milliers d'intellectuels et de résistants, anticipe la "solution finale". Condamné à mort par le tribunal de Nuremberg, il sera exécuté par pendaison en octobre 1946.

B) La justice au service de l'exploitation capitaliste

Sous le troisième Reich, outre les holdings de matériaux de construction *(DEST)* et d'armement *(DAW)* gérées par la SS et qui utilisent la main-d'œuvre concentrationnaire, les cartels engagés dans les grands travaux publics (autoroutes, urbanisme, cités ouvrières) et dans le "plan de quatre ans" (septembre 1936) d'équipement militaire échappent à la juridiction des tribunaux. Pour régler les éventuels conflits entre patrons et salariés, le *Front du travail (DAF)* place dès sa création en mai 1933 des "syndics" *(Treuhänder)* à la tête des quatorze "régions économiques du Reich" (vingt-deux à partir de 1941) et nomme en janvier 1934 des sortes de comités d'entreprise, les "conseils de confiance" *(Vertrauensrat),* chargés de fixer les conventions collectives et de surveiller les travailleurs.

Dans les petites et moyennes entreprises, par contre, le recours à une médiation judiciaire est toujours possible lorsqu'on estime être lésé par l'Etat ou pour régler un problème entre direction et employés. Mais ce n'est là que pure théorie, car dans la réalité les tribunaux statuent toujours en fonction de l'*intérêt communautaire (Gemeinnutz)*, c'est-à-dire conformément à la ligne idéologique voulue par le régime. Cette pratique devient particulièrement évidente pour qui étudie le rôle joué par la justice dans le cadre de la "loi sur le domaine rural héréditaire" *(Erbhofgesetz)*. Adoptée fin septembre 1933 afin de "combattre le bolchevisme agricole de morcellement des grandes propriétés foncières" (W. Darré), cette loi stipule qu'une exploitation ne peut être reprise que par un héritier unique *(Bauer)*. Les autres enfants sont dépossédés sans dédommagement et inscrits sur une liste prioritaire de répartition des territoires qui seront colonisés à l'Est. Lorsqu'ils mettent leur cas en délibéré, ils sont systématiquement déboutés. Ayant tout intérêt à ce que la politique impérialiste d' "espace vital" *(Lebensraum)* soit un succès, il s'en vont grossir les rangs de l'armée et de la SS.

Les lois Reinhardt sur la réglementation du "travail national" de janvier 1934 se traduisent par une amputation du pouvoir d'achat, l'augmentation du temps de travail, l'obligation d'acceptation des postes déterminés par les employeurs. Mais elles n'entraînent que de faibles réactions du fait que l'essentiel est réalisé *psychologiquement* par la quasi résorption du chômage (4, 1 % en 1937) et par un train de mesures démagogiques : Valorisation du *travailleur* par de nombreuses manifestations et récompenses honorifiques, avantages sociaux (par exemple des prêts aux jeunes couples sans intérêts avec réduction automatique de la dette de 25 % par enfant). La loi du 5 décembre 1934 interdit aux épargnants d'effectuer des retraits trop importants et relève les taux d'imposition. Elle est compensée par l'accès à grande échelle aux loisirs organisés par la *Force par la joie (KdF),* l'acquisition de récepteurs radio à prix modique *(Volksempfänger),* la perspective de posséder pour la somme de 1 000 marks une automobile *(Volkswagen)* grâce à un financement avantageux (versement d'un acompte de 5 marks par semaine) ; à l'exception de quelques modèles publicitaires, la production sera immédiatement orientée vers la fabrication de véhicules militaires *(Kübelwagen)* ; une escroquerie dont vont être victimes plus de 336 600 souscripteurs et dans laquelle la justice se gardera bien d'intervenir.

Déjà en 1923, dans le numéro du 10 novembre de la *Nouvelle Gazette de Zurich,* un journaliste clairvoyant avait relevé à propos de Hitler : "Ses vociférations contre le capitalisme ne sont qu'enjolivure(...) un registre religieux parfaitement superficiel et démagogique..." Dans ses écrits clandestins de février 1941 (pp. 53 sq.) rédigés quelques mois avant qu'il ne tombe sous les balles de l'occupant, le jeune philosophe marxiste français G. Politzer complètera : En Allemagne, "l'exploité demeure asservi physiquement, mais il est émancipé métaphysiquement. La situation des travailleurs peut donc s'aggraver continuellement, ils seront néanmoins mystiquement de plus en plus émancipés, car l'exploiteur peut faire n'importe quoi, pourvu qu'il accorde au peuple sa considération intérieure... Les capitalistes gardent en Allemagne leurs usines, leurs mines ou leurs banques, mais sont expropriés de leur mépris visible pour les travailleurs".

Nul n'ignore que dans le cadre de la *bataille du travail (Arbeitsschlacht)* proclamée par le Führer, tout acte d'indiscipline était poursuivi comme "trahison de la communauté raciale" *(Volksverrat).* Röhm, les leaders SA et du NSBO (cellules d'entreprise nationales-socialistes), qui appelaient à une "seconde révolution" afin de démanteler le capitalisme, en feront l'amère expérience en juin 1934 ("Nuit des longs couteaux"). A partir de 1938, les "rétifs au travail" *(Arbeitsscheue)* sont envoyés pour se réhabiliter dans des unités de production annexées aux camps de concentration (Buchenwald, Mauthausen) ; à partir d'octobre 1939, les "improductifs" (handicapés mentaux) sont *euthanasiés* (cf. Feral, 1995) ; en novembre, le décret sur le "parasitisme social" *(Volksschädlingsverordnung)* légalise l'élimination de tout individu profitant de la communauté pour assurer sa subsistance ou ayant une conduite inconvenante en regard de l'éthique communautaire : Se procurer un peu de beurre au marché noir (Cf. le slogan lancé par Göring : "Des canons à la place du beurre"), émettre des doutes quant aux décisions du *Führer*, écouter une station étrangère, avoir un tant soit peu de compassion pour les juifs est désormais passible de la peine de mort. Lorsqu'en août 1944 le résistant Peter Yorck von Wartenburg, cousin de Stauffenberg, veut expliquer devant la cour de justice de la communauté raciale populaire les raisons morales qui l'ont poussé à rejeter l'idéologie nazie et à souhaiter la mort de Hitler, le juge Freisler lui réplique, avant de lui imposer le silence et de le condamner à la pendaison : "Vous n'acceptiez pas les conceptions nationales-socialistes de la justice en ce qui concerne l'extermination des juifs, peut-être" ?

Or tous ces actes criminels ont été entérinés ou couverts de leur autorité par des procureurs et des juges. Le citoyen n'avait aucun recours, et lorsque sa famille ou des proches *osaient* intenter une action en justice, elle n'était jamais suivie d'effet (Cf. Friedrich, 1987). Le très honoré maréchal von Mackensen lui-même, vétéran de la guerre de 1870, héros de la Première Guerre mondiale et fervent supporter de Hitler, échouera dans sa tentative pour sauver de la pendaison son ami Bonneß, un riche éditeur de Potsdam coupable de quelques propos *défaitistes*.

Et que dire de l'attitude des juristes face à la déportation et à l'exploitation économique forcenée des juifs à Auschwitz, une exploitation poussée par-delà la mort (récupération des dents en or, utilisation des organes internes par des firmes pharmaceutiques, fabrication de savon avec les graisses et d'engrais avec les cendres de crémation) ? Combien auront, tel l'avocat catholique berlinois Joseph Wirmer, le courage de s'insurger ? Membre du cercle de résistance de Kreisau, impliqué dans l'attentat du 20 juillet 1944, Wirmer, qui devait être ministre de la Justice en cas de réussite du coup d'Etat, sera pendu avec les autres chefs de la sédition à un crochet de boucherie, "comme du bétail", selon le vœu de Hitler. Une caméra filma la scène mais, contrairement au film du procès qui sera projeté devant le tribunal de Nuremberg, ce document n'a jamais été retrouvé.

C) La justice, instrument terroriste de la cohésion nationale

Conformément à l'article 18 de son programme de 1920, qui "exige" que soit livrée une "lutte sans merci contre tous ceux qui par leurs actes nuisent à l'intérêt communautaire", le national-socialisme s'empare dès son accession au pouvoir de l'arsenal antidémocratique de la législation criminelle de Weimar (Cf. Marxen, 1975/Sontheimer, 1968/Stern, 1981) pour évacuer toute opposition, intimider les masses, assurer la cohésion nationale par le sacrifice de boucs émissaires. L'orchestration de campagnes terroristes et de procès-spectacles à l'encontre des "ennemis" supposés être à l'origine des maux affectant la bonne santé de la communauté a été une constante sous le troisième Reich, à tel titre que l'on a pu parler à propos du nazisme d'une irruption de la paranoïa dans l'Histoire, ou encore d'une paranoïa étatique (cf. Feral, 1996). Le Pasteur berlinois Martin Niemöller, qui avait longtemps soutenu le projet nazi avant de devenir le principal animateur de l'*Eglise confessante*[1], le comprendra à ses dépens en 1937 : "Lorsqu'ils ont pris les communistes, je me suis tu, je n'étais

---

1. *Bekennende Kirche* : fraction minoritaire de l'Eglise protestante opposée au régime nazi, alors que la tendance majoritaire qui le soutenait était regroupée dans les *Chrétiens allemands*.

pas communiste. Lorsqu'ils ont emprisonné les social-démocrates, je me suis tu, je n'étais pas social-démocrate ; lorsqu'ils sont venus chercher les catholiques, je n'ai pas protesté, je n'étais pas catholique ; lorsqu'ils sont venus me prendre moi, il n'y avait plus personne pour protester". Tout d'abord incarcéré à la sinistre prison de Moabit, Niemöller passera trois ans à Sachsenhausen et quatre ans à Dachau.

Jusqu'à l'effondrement de 1945, les autorités hitlériennes se référeront à l'ordonnance de "protection du peuple et de l'Etat" du 28 février 1933 pour traîner devant les tribunaux, emprisonner, exécuter des milliers de communistes, socialistes et autres antifascistes. "C'est encore en vertu de ce texte que les centaines de personnes arrêtées après l'attentat du 20 juillet 1944 seront jugées et condamnées à mort" (G. Badia, 1987).

De même, toute déviation au sein de la NSDAP est cruellement sanctionnée par les tribunaux du parti dirigés par Walter Buch, beau-père de Martin Bormann. Début juillet 1934, dans la foulée de la "Nuit des longs couteaux" que le ministre de la Justice Gürtner a légalisée le 3 par la promulgation de la "loi sur les mesures de légitime défense de l'Etat", Buch préside à une gigantesque purge interne : environ 200 SA sont envoyés à la mort, 700 en camp de concentration. Le 13, devant le Reichstag, Hitler prévient : "Il faut que notre nation sache que nul ne pourra impunément menacer son existence, dont l'ordre et la sécurité intérieure sont les garants ! Nul n'est censé ignorer à l'avenir qu'il est voué à une mort certaine s'il cherche à porter un coup à l'Etat. Il faut que tout national-socialiste sache que rien ne saurait le soustraire à sa responsabilité individuelle et par là même à la peine qu'il encourt, et ceci quel que puisse être son grade ou sa fonction..."

Dès lors, le rôle de la juridiction pénale, ressort des tribunaux spéciaux et de la Cour de justice de la Communauté raciale populaire, n'est plus tant de déterminer une sanction à la mesure du "crime", que d' "éliminer pour dissuader". Le délit n'est plus une violation du Droit, mais une atteinte à l'intégrité communautaire, et c'est au nom du "salut" de la communauté que la punition est infligée. Dans ce processus qui vise non plus à évaluer la répréhensibilité d'un acte, mais à briser la marginalité, les pouvoirs du procureur sont renforcés, les droits de la défense amputés, les voies de recours supprimées. De plus, la Gestapo est habilitée à tout moment à faire œuvre prophylactique, c'est-à-dire à décider l'internement en camp de concentration dès lors qu'elle estime que "la personne est suceptible de mettre en danger la pérennité et la sécurité de la Communauté raciale populaire et de l'Etat".

Aujourd'hui encore, face au déchaînement de la délinquance, il n'est pas rare d'entendre dire, dans les grandes villes allemandes où chômage et drogue font des ravages, qu' "au moins du temps de Hitler la criminalité n'existait pas". C'est dire combien le plan nazi de cohésion sociale basé sur le chantage sécuritaire a la vie dure ! Il conviendrait pourtant de ne pas oublier, d'une part, qu'à l'époque les véritables criminels étaient au pouvoir[1], d'autre part, que si le laminoir judiciaire du troisième Reich fut d'une redoutable efficacité à l'égard d'une résistance courageuse mais relativement démunie[2] et de tous ceux qui par nécessité, dépit ou peur en venaient un jour à transgresser les ordres du Führer, la Gestapo mettra plus de dix ans à identifier le *serial killer* Bruno Lüdke[3], préférant enterrer l'affaire plutôt que d'étaler son impuissance. Et à l'époque de l'arrestation de Lüdke, fin janvier 1943, en pleine débâcle de Stalingrad, suivie de la proclamation par Goebbels de la "guerre totale" (18 février), une affaire d'une autre importance allait être à l'affiche et contraindre le régime à mobiliser son potentiel répressif et propagandiste.

---

1. Lire à ce propos les considérations de E. Kogon in *L'Etat SS*, Seuil-Politique, 1970, pp. 376 sq.
2. Cf. G. Sandoz, *Ces Allemands qui ont défié Hitler*, Pygmalion, 1980.
3. Né en 1908 à Berlin-Köpenick, "euthanasié" le 8 avril 1944 ; 49 viols et meurtres démontrés, 80 admis.

Depuis l'été 1942, des tracts, appelant à s'insurger contre le pouvoir afin de restaurer la liberté et l'honneur du peuple allemand, avaient fait leur apparition dans les grandes universités du Reich. Ils portaient la signature de la "Rose blanche", un petit groupe d'étudiants catholiques munichois coordonné par le Professeur Kurt Huber, musicologue et philosophe spécialiste de Leibnitz. Dénoncés et appréhendés, ils allaient comparaître devant Freisler. Ecoutons Richard Hanser[1] :

"En cette matinée du lundi 22 février 1943, rares étaient parmi l'auditoire "invité" à prendre place dans la salle d'audience n° 216 de la cour d'assises de Munich, ceux qui savaient pourquoi ce procès faisait l'objet d'une telle urgence. L'arrestation des accusés remontait au jeudi. Même pour les cas politiques majeurs, les débats tardaient des semaines voire des mois. Pourquoi donc traîner ces trois jeunes inculpés devant le tribunal quatre jours après leur arrestation ? Les mieux informés parmi le public n'ignoraient bien sûr rien des motifs de cette fébrilité. Elle était l'expression des angoisses et des tensions qui régnaient dans les plus hautes sphères du parti et de l'Etat suite à la catastrophe de Stalingrad. La découverte de cellules de résistance en pleine "capitale du mouvement", mais aussi dans d'autres villes du Reich, contribuait à amplifier le désarroi. Si l'éclosion d'entreprises hostiles au régime devait s'avérer chez les étudiants - qui plus est chez des étudiants qui portaient l'uniforme de l'armée allemande ! - il était indispensable de faire des exemples sans délai. Il fallait que la riposte du système frappe rapidement et brutalement afin de décourager tous ceux qui caressaient l'idée d'agir de même. Une "Rose blanche" n'a pas sa place dans un régime totalitaire. Il fallait la piétiner(...) Roland Freisler en tout cas était persuadé que les accusés représentaient un danger. Il conduisit le procès comme s'il y allait de l'existence du Reich. Bien qu'il ne soit pas procureur, mais juge, il déversa sur les inculpés un

1. R. Hanser, *Deutschland zuliebe. Die Geschichte der Weißen Rose*, DTV, 1980, pp. 228 sq.

flot d'invectives et d'injures(...) Les débats se déroulèrent au mépris de tous les principes du Droit... [et] ne furent entrecoupés que très rarement et sans grande conviction par les motions des défenseurs commis d'office. L'un d'eux conclut son exposé par la remarque : "Je dirai une seule chose, *fiat justicia*. Que justice soit faite" ! Ce qui voulait dire : que les accusés soient traités comme ils le méritent(...) Avant que ne soit prononcée la sentence, on accorda encore la parole aux trois prévenus. Même la Cour de justice de la Communauté raciale populaire n'avait pas osé s'attaquer à ce droit qui en outre conférait à la procédure un semblant de légalité. Persuadée de toute évidence du non-sens de ce geste, Sophie Scholl garda le silence. Christoph Probst par contre s'efforça, avec le sérieux et l'objectivité qui lui étaient propres, d'expliquer au tribunal qu'il avait agi dans l'intérêt de son pays. Son but avait été de mettre un terme au bain de sang, d'épargner à l'Allemagne d'autres Stalingrad. Il fut hué par les juges et le public. C'est alors qu'il sollicita d'avoir la vie sauve, pour l'amour de ses enfants et de sa femme en ce moment même hospitalisée pour fièvre puerpérale. A sa prière, les juges restèrent de marbre. Hans Scholl tenta d'intervenir en faveur de son ami. Il fit valoir que Probst n'était pratiquement pas concerné par les diffusions de tracts. Freisler lui coupa la parole avec rudesse : "Si vous n'avez rien à dire pour votre propre défense, faites-nous le plaisir de vous taire" ! Comme sa soeur, Hans se refusa à demander grâce. Aucun des trois accusés ne revint sur ses déclarations. Alors que la Cour de justice de la Communauté raciale populaire se disposait à rendre son verdict, un remue-ménage à la porte de la salle d'audience attira l'attention d'une grande partie du public. Au mépris des protestations des huissiers, un homme et une femme entre deux âges se frayaient un chemin dans la salle(...) Il fallut interrompre les débats, Le couple Scholl, Magadalene et Robert, forçait l'entrée pour assister ses enfants en cette heure difficile(...) Jouant des coudes au travers de la salle d'audience, Robert Scholl réussit à rejoindre l'avocat commis d'office de Hans : "Allez, je vous prie, dire au Président que je suis le père et que je veux assurer la défense de mes enfants". A la surprise général, l'avocat s'exécuta(...) On vit Freisler faire un large geste de refus. Il hurla aux gardes d'évacuer Robert Scholl..."

Quelques minutes plus tard, les trois étudiants sont déchus de leurs droits civiques et condamnés à mort. Conduits à la prison de Stadelheim, ils sont guillotinés à 17 heures. Dans les semaines qui suivent, la Gestapo soumet les Universités à une épuration systématique. Traqués, de nombreux étudiants (Alexander Schmorell, Wilhelm Graf) affrontent dignement Freisler. Le 19 avril, le Professeur Huber comparaît peu après vingt heures. Il est sans illusion sur l'issue de son procès. Destitué de ses fonctions universitaires, une seule chose le tracasse : sa femme et ses deux enfants ne toucheront pas de pension. Néanmoins il ne donne pas à Freisler le plaisir de se laisser déstabiliser par ses insultes ("Il n'y a pas de Professeur Huber, ni de Docteur Huber, il n'y a qu'un accusé Huber, indigne d'être traité en Allemand parce que c'est une crapule"). Forçant le respect, il a le courage de déclarer :

"En tant que citoyen allemand, professeur dans une université allemande et personne politique, je considère que j'ai non seulement le droit, mais aussi le devoir moral de contribuer à façonner le destin de l'Allemagne, de dénoncer et de combattre tout préjudice manifeste(...) Mon but était, non par une organisation mais par la simple parole, d'inciter les étudiants, non à des actes de violence, mais à une prise de conscience morale des graves préjudices existant dans notre vie politique. Il n'y a rien d'illégal à souhaiter un retour à des principes moraux clairs, à l'Etat de droit, à la confiance mutuelle entre individus, ce n'est tout au contraire que restaurer la légalité. Je me suis demandé dans l'esprit de l'impératif catégorique kantien ce qu'il adviendrait si j'érigeais la maxime subjective de mes actes en loi universelle. Je n'ai trouvé qu'une réponse : ce serait le retour de la justice, de la sécurité, de la confiance en notre Etat et en notre vie politique(...) Ce que je réclame, c'est le retour du peuple allemand à la liberté. Nous nous refusons à gaspiller notre brève existence sous les chaînes de l'esclavage, même si ces chaînes étaient en or et nous garantissaient l'opulence matérielle. Vous m'avez déchu de mes fonctions et de mes droits de Professeur, vous m'avez retiré le titre de Docteur que j'avais obtenu avec la plus haute mention et les félicitations du jury, vous m'avez assimilé au plus infâme des criminels. Aucun procès pour haute trahison ne réussira à me dépouiller de ma dignité de professeur d'Université qui suppose que l'on ait le courage de défendre publiquement sa conception du monde et de l'Etat. La marche d'airain de l'Histoire sera la meilleure justification de mes actes comme de mes intentions. J'en ai l'intime conviction..."

Kurt Huber sera décapité le 13 juillet. Dans sa cellule de Stadelheim, le bouquet de roses que lui avait envoyé son épouse Clara en un ultime témoignage d'amour, était fané.

D) A l'heure de l'apocalypse

"Le nazisme, nous dit G.A. Goldschmidt[1], fut l'excès le plus banalement monomaniaque dont l'entreprise entière consistait à éliminer tout soubresaut, toute irrégularité, tout obstacle, tout raté... au sein de la *Communauté raciale populaire*". De fait, l'obsession de cohésion nationale du régime nazi ne peut se réaliser que par la mort. Non content d'avoir vidé le pays de sa substance intellectuelle et scientifique, d'avoir élaboré une délirante stratégie d'assainissement social, d'avoir mobilisé le monde contre lui, l'irrationnel hitlérien aboutira à la volonté finale d'éradication de l'Allemagne elle-même ("Ordre Néron" du 19 mars 1945). Et la "justice" dans tout cela ?

---

1. G. A. Goldschmidt, "De l'excès à l'apocalypse", *Allemagne d'aujourd'hui,* 129 / 1994, p. 75.

Août 1943 : L'*Afrika-Korps* a capitulé, Mussolini est destitué, l'Armée rouge poursuit son avance, les bombardements alliés s'intensifient. Le régime est aux abois. Pour convaincre les Allemands de la nécessité des sacrifices qu'on lui demande, il accentue la cœrcition. Dans la nuit du 7, à la maison d'arrêt de Berlin-Plötzensee, les bourreaux exécutent 186 condamnés politiques. Le 24, Himmler est nommé ministre de l'Intérieur. Dans les palais de justice, l'abattage fonctionne à plein rendement. A Wiesbaden, les époux Granget sont condamnés à mort pour avoir osé conseiller à leur fils d'être "prudent" au front. Un an plus tard, au lendemain de l'attentat manqué de Stauffenberg au quartier général du Führer à Rastenburg, attentat qui se solde par 7 000 condamnations et plus de 4 000 exécutions, tout s'accélère. Dans un discours radiodiffusé, Hitler autorise "chaque Allemand, quel qu'il soit(...) à s'opposer impitoyablement aux éléments subversifs", à les livrer à la justice, voire à les tuer sur place[1]. A Berlin, un tribunal envoie à la mort l'infirmière protestante Ehrengard Frank-Schultz qui a commis l'erreur de regretter auprès d'une collègue que le *Führer* soit encore en vie. Le 25 août 1944, c'est la nouvelle de la libération de Paris. Le Reich est étranglé entre deux fronts. Le vent de la défaite souffle. *Il faut que la mobilisation soit totale*[2]. La population de 16 à 65 ans est enrôlée dans le *Volkssturm* et des commandos *Werwolf*, composés de civils fanatiques, se chargent des défaitistes. Le samedi 28 avril 1945, l'écrivain Hans Zöberlein et le juge Bauernfeind liquident à Penzberg un comité de salut public constitué par l'ancien maire antinazi Hans Rummer en vue de garantir la sécurité des prisonniers de guerre français, de remettre la ville aux Américains et d'éviter toute destruction.

1. Voir W. Michalka, *Das Dritte Reich*, vol. 2, DTV, 1985, Document 216, p. 367.

2. D'où un déferlement "littéraire" hystérique d'incitations au combat (Cf. T. Feral, *Anatomie d'un crépuscule*, Ed. Tarmeye, 1990, pp. 362 sq.). C'est également l'époque du tournage par Veit Harlan du célèbre film *Kolberg* qui appelle à une levée en masse contre l'envahisseur (Cf. E. Leiser, *Deutschland erwache*, RoRoRo, 1978, pp. 110 sq.).

Début octobre 1944, la chancellerie promulgue la *Sippenhaft*, une loi scélérate selon laquelle l'ensemble d'une famille sera tenu pour responsable d'un *forfait* commis par un de ses membres[1]. Trois semaines plus tard, Himmler décide d'assigner les adolescents qui par la formation de bandes cherchent à se soustraire ou à s'opposer à leur devoir envers la nation. A Cologne, Bartholomäus Fink, 16 ans, chef des *Edelweißpiraten*, est pendu "pour l'exemple" au coin de la rue Venloer. En février 1945, les alliés occidentaux vont franchir le Rhin, les Soviétiques l'Oder. Le Reich devient un dantesque camp retranché. Le ministre de la Justice Thierack étend les prérogatives des cours martiales à l'ensemble de la population allemande. "Né dans la violence, abreuvé de crimes et d'horreur(...) le nazisme s'effondrait lentement, entraînant tout un peuple dans son agonie". (J. Delarue).

Début mars 1996, je pus obtenir un entretien avec un vieux monsieur de 89 ans, un ancien SA berlinois qui avait participé à un brasier de livres en mai 1933 et plus tard déserté le front de l'Ouest en se cachant en Forêt noire. A son domicile de la Wiehre à Fribourg, tout à côté de la brasserie Ganter et du Lycée Turenne, je lui demandai comment il expliquait le jusqu'au-boutisme ravageur du nazisme. Il se leva péniblement, tira un rideau derrière lequel se trouvait une bibliothèque et me tendit un livre en piteux état : "Je ne sais pas pourquoi je l'ai ramassé à l'époque, mais je ne m'en suis plus jamais séparé !" C'était *Amok* de Stefan Zweig...

E) La persécution des juifs

La légalisation de la politique raciale constitue le chapitre le plus abominable de la fonction assumée par la justice durant le Troisième Reich. Comment en effet concevoir les juristes

1. Voir Dieter Lattmann, *Die Brüder*, Fischer, 1985, pp. 123 sq.

condamnant a priori et en bloc un groupe humain du seul fait de son existence ? Certes, dira-t-on, il y avait un contexte sociologique fait de tradition antisémite, de perversion des valeurs, d'angoisse de l'avenir. On sait que le surmoi est une manifestation individuelle liée aux conditions sociales et que les tendances criminelles enfouies en chaque individu peuvent devenir pathogènes dès lors que le climat y est propice. Mais ce qui est troublant, comme me l'avait fait remarquer le regretté Georges Wellers[1], c'est de constater qu'en l'occurrence ce n'est pas tant le pouvoir qui a pesé sur le judiciaire, que le judiciaire qui a ouvert la voie au pouvoir. Dès la nomination de Hitler à la tête du gouvernement du Reich, les nazis manifestent leur haine envers les juifs. Mais s'ils comptent bien concrétiser les perspectives délirantes développées dans *Mein Kampf,* ils ne disposent encore d'aucune stratégie globale, d'autant que les appels au boycott des commerçants juifs échouent, que les premières mesures de vexation publique et d'ostracisme se heurtent à l'hostilité de la population. Opposé à toute improvisation, dénonçant voire sanctionnant les initiatives sauvages, faisant assaut de psychologie, Hitler insistera pour que le règlement de la question juive se fasse par palliers et entre dans un cadre légal. Ce n'est que progressivement que sera fourbi l'appareil législatif légitimant la persécution ainsi que les peines encourues par ceux qui refusaient de s'y rallier. Or ceci n'aurait pas pu se réaliser sans la complicité d'experts. “En somme, commente J. Billig (*La solution finale,* p. 12), le régime hitlérien humiliait les juifs, mais (sauf des incidents incontrôlables) sans actes de violence(...) La population juive, transformée en corps étranger à la nation, pouvait encore vivre en collaborant avec celle-ci, puisque les juifs n'étaient pas exclus de l'économie et que, d'autre part, même un Goebbels, en tolérait quelques-uns

---

1. Professeur de physiologie à la Faculté de médecine de Paris, maître de recherches au CNRS, déporté à Auschwitz, seul témoin français au procès Eichmann, auteur de nombreux travaux sur le système concentrationnaire nazi et la Shoah.

dans le domaine culturel et que nombre de professions leur restaient ouvertes parmi les plus distinguées".

Afin que le citoyen accepte comme inévitable la promulgation d'une loi, il est indispensable de trouver des attendus. En la matière, les juristes firent preuve d'une efficacité criminelle, mais d'une redoutable intelligence, préparant dans le plus grand secret des actes législatifs qu'il suffirait de produire au moment opportun. La déjudaïsation de la Fonction publique décrétée le 7 avril 1933 s'effectue essentiellement sous le couvert de motifs politiques ; les juifs "nationalement fiables" sont temporairement épargnés, mais dorénavant un texte existe, susceptible d'une interprétation élargie. Les lois sur la citoyenneté et la protection du sang, adoptées par le Reichstag convoqué à Nuremberg à l'occasion du Congrès du parti en septembre 1935 s'appuient sur des considérations de sécurité intérieure et d'hygiénisme ; après trois années d'incubation, leur application *stricto sensu* débouche en 1938 sur l'aryanisation économique et l'expulsion des Juifs polonais du territoire allemand. Jeux olympiques obligeant, l'assassinat à Davos le 4 février 1936 du leader nazi suisse Wilhelm Gustloff par le jeune sioniste David Frankfurter fait l'objet d'un ordre interdisant toutes poursuites, mais celui de Ernst vom Rath, secrétaire d'ambassade à Paris, par Herschel Grynszpan, le 7 novembre 1938, lance la "Solution finale". Que l'épisode de la "Nuit de cristal" (10 novembre), commanditée par Goebbels[1], ait été désapprouvé par Hitler, Himmler, et le tribunal du parti justement en raison de son caractère "irrégulier" propre à discréditer le gouvernement, témoigne de la présence dans les tiroirs d'autres projets mûris de longue date et qui ne demandaient qu'à entrer en application (Cf. Barkai, 1988, p. 115). Le 12 novembre, Göring réunit un groupe de travail au ministère de

---

1. Pour mémoire : 7 500 commerces ravagés, 171 synagogues incendiées (chiffre officiel ; 267 selon Moser), 91 juifs tués, 26 000 internés en camp de concentration dont la plupart furent, selon Zentner / Bedürftig, remis en liberté quelques semaines plus tard.

l'Air. Jonny Moser, qui connut les camps à l'âge de 16 ans, relate, 1988, pp. 122 sq) :

"Un décret... imposa aux Juifs de nationalité allemande le paiement d'une contribution d'un milliard de marks en expiation de leur crime(...) Ils durent réparer immédiatement tous les dégâts qui avaient été causés à leur commerce et à leur domicile, et pourvoir à la remise en ordre des rues. Les propriétaires des magasins dévastés durent supporter eux-mêmes les frais de remplacement de leurs vitrines et de remise en état de leurs intallations. Toutes les prestations servies aux juifs par les assurances furent saisies au profit du Reich. Les compagnies versèrent les indemnités directement au Trésor public. Toutefois, la mesure décisive qui toucha le plus durement les juifs, fut le "décret d'exclusion de la vie économique allemande..." qui leur interdisait notamment de gérer un commerce de détail, un magasin de vente par correspondance, ou d'exercer des professions artisanales à compter du 1er janvier 1939. Ils n'avaient plus le droit de proposer leurs marchandises sur les marchés, dans les foires ou les salons. D'ici la fin de l'année, tous les juifs qui étaient chefs d'entreprise, cadres dans une entreprise, ou encore membres d'une coopérative, devaient avoir cessé leur activité... Le président de la Chambre culturelle du Reich [J. Goebbels, T.F.] publia un décret refusant aux Juifs l'accès aux théâtres, cinémas, concerts et expositions. Le ministre de l'Intérieur [W. Frick, T.F.] stipula que les Juifs devaient remettre à la police toutes les armes blanches et armes à feu en leur possession et leur supprima leur port d'armes[1]. Il leur fut même interdit de détenir des pigeons voyageurs. Une ordonnance de police sur la vie publique des juifs autorisait les autorités régionales à ne pas les laisser pénétrer dans certains quartiers ou voyager dans certaines régions, et à leur interdire la rue à certains horaires. Heinrich Himmler, chef de la SS et de la police allemande, ne voulut pas être en reste : il fit annuler

1. Il est évident que l'on pouvait être juif et aimer la chasse !

les permis automobiles et poids-lourds et demanda leur restitution. En outre, les juifs... n'eurent plus le droit de fréquenter les stades, les bains-douches, ni les piscines... A ne pas négliger dans ce contexte, l'interdiction de tous les journaux juifs... Après avoir exclu les juifs de la vie économique allemande, il s'agissait maintenant de les exproprier par la voie légale. Le problème fut définitivement réglé par l' "ordonnance sur la mise à disposition du patrimoine juif" du 3 décembre 1938. En vertu de cette ordonnance, on pouvait exiger d'un juif qui possédait une entreprise, une exploitation agricole ou forestière, qu'il vende ou liquide son bien dans un délai imparti... La même ordonnance stipulait également que les juifs avaient une semaine pour déposer leurs actions, valeurs minières et à revenus fixes, ainsi que leurs obligations, dans une banque. Pour les valeurs faisant déjà l'objet d'un dépôt, le détenteur devait informer sa banque qu'il s'agissait de biens juifs. En outre, il fut interdit aux juifs d'acquérir, de vendre librement ou de mettre en gage tout objet en or, platine et argent, ainsi que les pierres précieuses et les perles. Seuls les bureaux publics d'achat mis en place par le Reich étaient habilités à réaliser les transactions(...) Les Juifs furent exclus des Universités, les sages-femmes n'eurent plus le droit d'exercer, les officines des dentistes, vétérinaires et pharmaciens juifs perdirent leur licence. Ils furent aussi durement désavantagés par le Droit fiscal. On leur supprima les abattements, les déductions pour les enfants, les taux préférentiels accordés à certaines professions ; ils furent imposés au maximum et on leur coupa les allocations familiales même lorsqu'ils travaillaient. Le décret... du 21 février 1939 les contraignit à remettre sous quinzaine aux bureaux publics d'achat tous les objets en or, platine et argent, ainsi que les pierres précieuses et perles en leur possession. Les juifs ne purent conserver que leur alliance. La "Loi sur la location aux juifs" du 30 avril 1939 eut des conséquences particulièrement désastreuses... C'est par le biais de cette loi que commença la concentration, la ghettoïsation sans éclat des juifs(...) Au début du mois de mai 1939, le nombre de juifs vivant en Allemagne avait diminué de 57 %. Au 16 juin 1934, on comptait en Allemagne 502 799 personnes de confession israélite ; en Autriche, au 22 mars 1934, 191 481. Au 14 mai 1939, il n'en restait plus que 213 930 sur l'ancien territoire du Reich et 81 943 en Autriche. Avec le déclenchement de la guerre(..) les juifs, jusqu'alors traités comme un groupe de population en marge et de surcroît inférieur, furent désormais considérés comme l'ennemi intérieur... Ils vivaient sur un volcan dont l'éruption était imminente".

A Fribourg, sur la place de l'Ancienne Synagogue, au pied de l'Université et juste en face du théâtre municipal, une plaque de bronze circulaire scellée dans un petit bosquet rappelle le martyre des juifs du pays de Bade "sous un règne de violence et d'injustice". Or qui est le mieux à même de fabriquer l'injustice légitimatrice de la violence sinon le juriste, pour peu qu'il se persuade qu'il agit pour le bien commun et se sente couvert pas le pouvoir politique ? Inversant purement et simplement le principe éthique fondamental de leur profession qui est d'assurer la primauté de la personne humaine en garantissant son respect dès le commencement de la vie, les juristes ont sous le troisième Reich mis majoritairement leur compétence au service du fantasme hitlérien de préservation d'une "race aryenne" purement hypothétique et ont, au nom d'une prétendue cohésion nationale qui conduirait l'Allemagne vers un avenir lumineux, sacrifié les principes humanistes et démocratiques hérités des *Lumières*. Ils ont été grosso modo 80 000 à oeuvrer pour l'obscurantisme. Par confort personnel, ambition, présomption de caste, conviction idéologique[1] ?

1. Le chiffre correspond au nombre des adhérents à la ligue nationale-socialiste des juristes en 1934. Pour mieux cerner ce douloureux problème de la *banalité criminelle* sous le troisième Reich, on se reportera à l'excellent C. Browning, *Des hommes ordinaires,* 10 / 18, 1966 ; Cf. aussi la récente (et très contestée) étude de D. Goldhagen, *Hitler's willing Executioners*, ainsi que le

Sans doute ! Mais en tout cas pas, comme l'a soutenu dans les années 70 Fritz Hartung, ancien conseiller à la cour suprême du Reich, parce qu'ils risquaient leur vie s'ils ne collaboraient pas. Les médecins qui participaient aux stérilisations, à la T4[1], aux expériences en milieu concentrationnaire, et géraient les gazages, avaient fait un libre choix[2]. Ceci vaut aussi pour les juristes. Même un "membre de la Cour de justice de la Communauté raciale populaire n'avait rien à craindre pour son existence s'il ne souhaitait pas continuer à participer à l'injustice qui s'y pratiquait", insiste Dietrich Strothmann dans son commentaire de 1983 (cf. bibliographie). On ne l'envoyait "ni sur le front(...) ni en prison, ni à l'échafaud".

---

très copieux commentaire qu'en a donné le Professeur H. Mommsen : "Schuld der Gleichgültigen" (culpabilité des indifférents), in *SZ am Wochenende. Süddeutsche Zeitung*, 20 /21 juillet 1996.

1. Nom de code du programme d'euthanasie des malades mentaux (octobre 1939-août 1941) qui fit plus de 71 000 victimes (cf. Feral, 1995 et 1996).

2. Voir *Medizin im NS-Staat*, DTV, 1993, ainsi que T. Bastian, *Furchtbare Ärzte. Medizinische Verbrechen im Dritten Reich*, Beck Verlag, 1995, cf. également : E. Klee et coll., *Schöne Zeiten*, Fischer, 1988.

CONCLUSION

Voilà bientôt 25 ans que j'étudie et enseigne l'histoire allemande de la première moitié du XXè siècle et, plus précisément, du national-socialisme. La lecture des textes, la confrontation à la documentation photographique, sonore et filmique, l'interview de nombreux témoins m'ont depuis longtemps convaincu de la pertinence de la formule de Kurt Tucholsky (1890-1935) selon laquelle, à cette époque en Allemagne, "la justice n'a rien à voir avec la justice". Sous Bismarck et Guillaume II, la société civile de l'Empire était entièrement soumise à l'échelle des valeurs militaires (glorification de l'autorité et de la force, rejet de la faiblesse et de l'impuissance). Cette tradition ne fut pas battue en brèche par la République de Weimar. Avec l'instauration du troisième Reich, elle aboutit au mépris fonctionnalisé de l'être humain.

Les travaux socio-psychanalytiques de mon ami Gérard Mendel, largement traduits et utilisés par les chercheurs du monde entier, mais malheureusement relativement boudés en France par une Université frigide à la psychologie des profondeurs, m'ont permis de mieux analyser comment l'Allemagne, traumatisée depuis la défaite de 1918 par un exceptionnel cumul de crises (identitaire, territoriale, politique, économique, intellectuelle...), en est venue assez brutalement à régresser dans un archaïsme où l'agressivité, d'abord individualisée, finit par se mettre constamment en quête de boucs émissaires dont le sacrifice serait le remède à tous les maux et, par là même à rencontrer l'idéologie nazie. "Tout est foutu, je n'ai plus qu'à crever" : dans la littérature et le cinéma de la République de Weimar, les scènes de désespoir existentiel et de suicide sont fréquentes. Or, dans ce contexte, le film *Le jeune hitlérien Quex* du réalisateur nazi Hans Steinhoff, qui sortira sur les écrans le 15 septembre 1933, représente un tournant. Là aussi, face à une misère obsédante et à un avenir bouché, la mère ouvre le gaz, voulant entraîner avec elle son fils dans la mort. Cependant le destin de Heini est ailleurs. Il a découvert le parti nazi. Il en réchappe car il sait inconsciemment qui sont les vrais criminels et où se situe sa mission. Bien sûr, on est encore que fin 1931 - début 1932 ; Heini perd la vie dans sa lutte contre le judéo-bolchevisme, mais ses dernières paroles ne laissent aucun doute : bientôt le Führer sera au pouvoir et la justice fera son œuvre... Que l'on songe qu'ils ont été des millions à partager son sentiment ! Du reste il est clair qu'au terme du film le père, à l'origine un chômeur communiste pur et dur, va rejoindre le mouvement. Et qu'il sera suivi par d'autres ! Bien sûr, il s'agit d'un film de propagande, mais ô combien révélateur des arcanes de la psychologie d'un peuple qui en cette époque crie vengeance et est prêt au pire pour peu qu'il ait l'illusion d'être enfin établi dans son droit.

Toutefois, plus encore que le passé de l'Allemagne dans les années 1930-1940, c'est le présent que j'ai voulu mettre en cause en le confrontant à un système judiciaire exceptionnellement barbare. J'ai tenté de montrer comment, en se polarisant sur la défense d'une communauté spécifique et d'une certaine conception de la nation, la justice peut en venir à méconnaître la personne humaine, à lui substituer une entité abstraite (la Communauté raciale populaire) au nom de laquelle sont sacrifiés tous ceux qui seraient susceptibles de constituer une entrave à sa vitalité et à son bonheur. Et ceci sans *pré*-juger du caractère fatalement inflationniste de sa démarche ! Dans sa vision symbolique du national-socialisme, *Sur les falaises de marbre*, Ernst Jünger écrit à propos des juristes sous Hitler : "... Des esprits énergiques appelés à mettre la populace à la raison... Les habitants étaient enlevés à la faveur de la nuit et du brouillard. Nul n'en revenait ; ce que nous entendions chuchoter de leur destin parmi le peuple faisait songer aux cadavres des lézards que nous trouvions écorchés sous les falaises... Pour tous ces gens, le vieux était le grand maître, ils baisaient l'ourlet de sa veste(...) Le grand Forestier était admirablement servi par de telles forces[1]".

Or je ne suis pas certain que les linéaments constitutifs de la fonction que s'est assignée la justice sous le Troisième Reich ne soient pas toujours présents dans la mentalité de notre fin de siècle. Déjà, dans une conférence du 12 novembre 1968, le Professeur Thilo Ramm expliquait :

"Quels sont les aspects spécifiquement nationaux-socialistes de l'évolution juridique dans les douze années entre 1933 et 1945 ? La terreur politique qui régna dès le début et dont la permanence représente l'arrière-plan évident de toute évaluation de cette période ? L'antisémitisme ? La privation de liberté ? La mise en œuvre de la propagande de masse, ce nouvel opium du peuple, comme technique de manipulation politique ? La carence en avancées dans le domaine politico-social ? Ou juridiquement : la destruction de la pensée conceptuelle et l'apparition d'une argumentation délavée, centrée sur la *fidélité* et la *foi* ? L'émergence d'une nouvelle hiérarchie ? Pour chacun de ces moments essentiels l'histoire propose des analogies et ce serait une erreur d'insister sur l'un d'entre eux comme ayant été *le* moment privilégié. Le national-socialisme a été le faisceau de tous ces moments et à ce titre un événement unique et à coup sûr voué au non-retour. Le faisceau s'est rompu à l'effondrement de 1945 et il semble peu probable qu'il puisse être reconstitué en Allemagne. Il est possible qu'au premier abord une telle constatation soit rassurante. Et pourtant elle ne l'est nullement. Car il reste aujourd'hui comme hier à se colleter individuellement à chacun des rameaux du faisceau fasciste dont le bourgeonnement

---

1. Gallimard, 1979, pp. 63-75 ; sur ce récit, voir J.M Palmier, *Ernst Jünger*, Hachette, 1995, pp. 107-123.

ponctue l'évolution de l'Allemagne, mais aussi l'évolution générale".

Chômage galopant, insécurité économique, sentiment d'impuissance face aux profonds bouleversements du quotidien, scandales de toute sorte, perte des valeurs, angoisse dépressive d'une insondable déréliction : nombreux sont les observateurs à actuellement oser la comparaison avec le début des années trente. Bref, l'heure est au pessimisme et certains en profitent. Agitant l'épouvantail de l'immigration, exhumant des mythes creux, égrenant avec une constance ahurissante des vérités absolues rendant vaine toute argumentation rationnelle, leur discours est vecteur de violence, suscite le passage à l'acte, sollicite les esprits fragiles[1] et ceux que le désespoir accule. C'est ici que la justice a un choix à faire. Elle a le pouvoir et le devoir de servir la démocratie, de réguler la société pour que chacun y trouve sa dignité, de neutraliser les mystificateurs. Certes, elle peut aussi choisir de les favoriser, mais elle ne peut ignorer que son choix contribuera à façonner la réalité humaine de demain : il n'existe pas de fatalité[2].

Todtnauberg et Kirchzarten, août / septembre 1996.

---

1. Voir le film de Hanno Brühl, *L'école de la haine* (en réalité *Kahlschlag*, "Tête rasée"), WDR, 1933, dans lequel un adolescent mal dans sa peau se fait recruter par l'Extrême-Droite.

2. cf. ce passage du *Liseur* de B. Schlink (1995) magnifiquement traduit par B. Lortholary (Gallimard 1996, p. 170) : "Faire de l'histoire consiste à lancer des passerelles entre le passé et le présent, à observer les deux rives et à être actif de part et d'autre. L'un des mes domaines de recherche se trouva bientôt être le droit sous le troisième Reich et là, il est particulièrement manifeste que passé et présent confluent en une seule et même réalité vivante. En la matière, la fuite ne consiste pas à s'occuper du passé, mais à se concentrer résolument sur le présent et l'avenir en étant aveugle à l'héritage dont nous sommes marqués et avec lequel nous devons vivre".

RÉPERTOIRE BIBLIOGRAPHIQUE

Dans *Le dégoût de l'histoire (Abscheu vor der Weltgeschichte,* 1988), Erwin Chargaff prétend que "la mémoire des peuples ne dispose que d'un entrepôt réduit pour les hontes nationales". Tel n'est pas le cas pour la justice sous le troisième Reich ! En effet, on constatera ici que, outre les textes fondamentaux que nous ont laissé les nazis (cf. *), et quelques études étrangères, on dispose d'une littérature critique fouillée, due, des années 40 à aujourd'hui, à des Allemands courageux, lucides et responsables ; le but du présent répertoire (qui pourrait être complété par de nombreux autres titres) est **aussi** de leur rendre hommage.

Anderbrügge K., *Völkisches Rechtsdenken,* 1978.

Arendt H., *Elemente und Ursprünge totalitärer Herrschaft,* 1968.

Badia G., *Feu au Reichstag,* 1983.

Badia G. et al., *Histoire de l'Allemagne contemporaine*, vol. 1, 1987.

Barkai A., "Schicksalsjahr 1938", in W.H. Pehle, *Der Judenpogrom 1938. Von der Reichskristallnacht zum Völkermord,* 1988.

Benn G., *Der neue Staat und die Intellektuellen*, 1933. (*)

Bertram G., "Der Jurist und die Rutenbündel des Faschismus", *ZRP* 4, 1983.

Best W., "Neubegründung des Polizeirechts", *Jahrbuch Akad, deutsches Recht*, 1937. (*)

Billig J., *La Solution finale de la question juive,* 1977.
Blau B., *Das Ausnahmerecht für die Juden in Deutschland,* 1965.
Bloch C., *Le troisième Reich et le monde*, 1986.
Bracher K.D., *Die deutsche Diktatur,* 1969.
Boberach H., *Richterbriefe*, 1975.
Brodersen U., *Gesetze des NS-Staates*, 1968.
Broszat M., "Zur Perversion der Strafjustiz im 3. Reich, *VfZG*, 1958.
Broszat M., *Der Staat Hitlers*, 1969.
Brünneck A. v., "Die Justiz im deutschen Faschismus", *Der Unrechtsstaat,* 1979.
Buchheit G., *Richter in roter Robe. Freisler, Präsident des Volksgerichtshofs,* 1968.
Castellan G., *L'Allemagne de Weimar*, 1969.
Dahrendorff R., *Gesellschaft und Demokratie in Deutschland,* 1965.
Dam H.G. van / Giordano R., *KZ-Verbrechen vor deutschen Gerichten*, 1962.
Dehn G. / Wolf E., *Gottesrecht und Menschenrecht*, 1954.
Delarue J., *Histoire de la Gestapo*, 1962.
Der Unrechtsstaat-Recht und Justiz im NS, Sonderheft *Krit. Just.,* 1979.
Deuerlein E., *Der Austieg der NSDAP*, 1982.
Diehl-Thiele P., *Partei und Staat im Dritten Reich,* 1969.
Dimitroff G., *Reichstagsbrandprozeß*, 1978.
Dickmann F., "Die Regierungsbildung in Thüringen als Modell der Machtergreigung"*VfZG*, 1966.
Dörnberg E., *Wehrmachtsjustiz im Dritten Reich,* 1948.
Drobisch K. et al., *Juden unterm Hakenkreuz*, 1973.
Dumbach A.E. / Newborn J., *Die Geschichte der Weißen Rose*, 1993.

Ebenstein W., *The Nazi-State*, 1943.

Echterhölter R., *Das öffentliche Recht im NS-Staat*, 1970.

Eckert H., "Sozialimus der Ehrengerichte und das Arbeitsrecht", *Die Tat,* 1934. (*)

Erdmann K.D., *Deutschland unter der Herrschaft des NS*, 1984.

Feral T., *Anatomie d'un crépuscule*, 1990.

Feral T., *Justiz im Dritten Reich. Documentation pour l'enseignement,* Université d'Auvergne, 1991.

Feral T., "Un système médicalisé de liquidation des êtres humains : le national-socialisme", in H. Brunswic / M. Pierson, *Médecins, médecine et société,* 1995.

Feral T., "L'éthique, seul rempart véritable contre la paranoïa étatique : réflexions à propos de la médecine nazie", *Psychiatrie française*, 4 / 1996.

Fieberg G., *Justiz im NS-Deutschland*, 1984.

Flechtheim O.K., *Le parti communiste allemand sous la République de Weimar,* 1972.

Flückiger F., *Geschichte des Naturrechts*, 1954.

Focke H. / Strocka M., *Alltag der Gleichgeschalteten*, 1985.

Foertsch H., *Schuld und Verhängnis*, 1951.

Forsthoff E., *Der totale Staat*, 1933. (*)

Fraenkel E., *The dual State*, 1941.

Frank H., *Im Angesicht des Galgens*, 1953. (*)

Frei N., *Der Führerstaat*, 1987.

Freisler R., "Die Stellung des Richters zur kriminellen Erbschaft der Novemberrepublik", *Deutsche Justiz*, 1934. (*)

Freisler R., "Richter, Recht und Gesetz", *Deutsche Justiz,* 1934. (*)

Freisler R., *Nationalsozialistisches Recht und Rechtsdenken*, 1938. (*)

Friedrich J., "Normierung und Legalisierung staatlicher Kriminalität. Zu den Aufgaben der Justiz im Dritten Reich", in

Friedrich J. / Wollenberg J., *Licht in den Schatten der Vergangenheit*, 1987.
Friedrich J., *Freispruch für die Nazi-Justiz*, 1983.
Friedrich J., *Die kalte Amnestie*, 1984.
Fritzsche H.K., *Ein Leben im Schatten des Verrates*, 1984.
Fromm E., *Die Furcht vor der Freiheit*, 1966.
Gallo M., *Der schwarze Freitag der SA. Der Röhmputsch,* 1981.
Gamm H.J., *Der Flüsterwitz im Dritten Reich*, 1963.
Genschel H., *Die Verdrängung der Juden aus der Wirtschaft,* 1966.
Goebbels J. , *Das Tagebuch,* 1961. (*)
Gollwitzer H. et al., *Du hast mich heimgesucht bei Nacht,* 1954.
Göring H., *Aufbau einer Nation*, 1934. (*)
Göring H., *Reden und Aufsätze,* 1938. (*)
Guérin D., *Fascisme et grand capital*, 1965.
Gürtner F. / Freisler R., *Das neue Strafrecht*, 1936. (*)
Güstrow D., *Tödlicher Alltag. Strafverteidiger im Dritten Reich,* 1981.
Halder F., "Déposition" in *Prozeß gegen die Haupkriegsverbrecher vor dem Internationalem Militägerichtshof in Nürnberg*, vol. 9, 1947. (*)
Hannover E. / Hannover H., *Politische Justiz*, 1966.
Hanser R., *Deutschland zuliebe*, 1982.
Harig L., *Malheur à qui danse hors de la ronde*, 1993.
Hecht I., *Des murailles invisibles,* 1994.
Heiber J., "Zur Justiz im Dritten Reich", *VfZG*, 1955.
Henkys R., *Die nationalsozialistischen Gewaltverbrechen*, 1964.
Hildebrandt M., *Die deutschen Verfassungen,* 1970.
Hillermeier H., *Im Namen des Deutschen Volkes*, 1980.
Hippel F. v., *Die Perversion von Rechtsordnungen*, 1955.
Hirsch M. et al., *Recht, Verwaltung und Justiz im NS,* 1984.
Hitler A., *Mein Kampf,* 1936. (*)

Hitler A., *Tischgespräche*, 1963. (*)
Hoche W., *Die Gesetzgebung des Kabinetts Hitler,* 1933. (*)
Hofer W., *Der Nationalsozialismus,* 1957.
Höhne H., *Der Orden unter dem Totenkopf,* 1967.
Huber E. R., *Verfassungsrecht des Großdeutschen Reiches,* 1939. (*)
Huber E.R., *Deutsche Verfassungsgeschichte*, 1959-1969.
Institut f. Zeitgeschichte, *NS-Recht in historischer Perspektive,* 1981.
Jäger H., *Verbrechen unter totalitärer Herrschaft*, 1967.
Jochmann W. / Jacobson H.A., *Augewählte Dokumente zur Geschichte des NS*, 1966.
Johe W., *Die gleichgeschaltete Justiz*, 1967.
Kakies D., *Deutsche Verfassungen. Die grundlegenden Dokumente deutscher Demokratie,* 1965.
Kaul F.K., *Geschichte des Reichsgerichts*, vol. 4, 1971.
Kaupen W., *Die Hüter von Recht und Ordnung*, 1969.
Kempner B.M., *Priester vor Hitlers Tribunalen*, 1966.
Kempner M.W. / Friedrich J., *Ankläger einer Epoche*, 1983.
Kempner R., "Mord im Gerichtssaal", *Recht und Politik*, 1968.
Kern E., *Der Aufgabenkreis des Richters*, 1939. (*)
Kirchheimer O., *Politik und Verfassung,* 1964.
Kirchheimer O., *Politische Justiz,* 1965.
Kirschenmann D., *Gesetz im Staatsrecht und in der Staatsrechtslehre des NS,* 1971.
Klütz A., *Der Volksschädling am Pranger*, 1941. (*)
Koellreutter O., *Der deutsche Führerstaat,* 1934. (*)
Kogon E., *L'Etat SS*, 1947.
Kolbe D., *Reichsgerichtspräsident Doktor Erwin Bumke,* 1975.
Kolbe U., "Zum Urteil über die Reichstagsbrand-Notverordnung". *GWU* 16, 1965.
Kraus H., *Das Urteil von Nürnberg*, 1962.

Krink A., *Die NS-Diktatur,* 1973.

Küchenhoff G., *Nationaler Gemeinschaftsstaat-Volksrecht und Volksrechtssprechung,* 1934. (*)

Kühnl R., *Deutschland zwischen Demokratie und Faschismus,* 1969.

Kühnl R., *Der deutsche Faschismus in Quellen und Dokumenten,* 1975.

Külz H., "Verwaltungskontrolle unter dem NS", *Krit. Just.*, 1969.

Langbein H., *Im Namen des deutschen Volkes,* 1963.

Ley R., "Aufruf", in *Arbeitertum*, 6 / 1933. (*)

Lill R. / Oberreuter H., *Der 20. Juli,* 1984.

Mammach K., *Die deutsche antifaschistische Widerstandsbewegung,* 1974.

Marxen W., *Der Kampf gegen das liberale Strafrecht. Eine Studie zum Antiliberalismus in der Strafrechtwissenschaft der 20er und 30er Jahre*, 1975.

Matthias E. / Morsey R., *Das Ende der Parteien*, 1960.

Mau H., "Die Zweite Revolution. Der 30. Juni 1934", *VfZG* 1, 1953.

Maunz T., "Die Entwicklung des deutschen Verwaltungsrechts seit dem Jahre 1933", *Zeitschrift f. gesamte Staatswissenschaft,* 1935. (*)

Maunz T., "Zur Neugestaltung des Enteignungsrechts", *Deutsche Juristenzeitung,* 1935. (*)

Mendel G., "A propos de l'idéologie hitlérienne", *La révolte contre le père*, 1968.

Mendel G., *De Faust à Ubu,* 1996.

Michalka W., *Das Dritte Reich,* 1985.

Milza P., *Les Fascismes,* 1985.

Moltke H.J.v., *Letzte Briefe aus dem Gefängnis Tegel*, 1951.

Mommsen H., "Der Reichstagsbrand und seine politischen Folgen", *VfZG* 12, 1964.

Mommsen H., *Beamtentum im Dritten Reich*, 1966.

Morsey R., *Das Ermächtigungsgesetz vom 24. März 1933*, 1968.

Moser J., "Die Entrechtung der Juden im Dritten Reich" in W.H. Pehle, *Der Judenpogrom 1938. Von der Reichskristallnacht zum Völkermord*, 1988.

Mostar H., *Nehmen Sie Ihr Urteil an ?* 1963.

Müller I., *Furchtbare Juristen*, 1987.

Münch J.v., *Gesetze des NS-Staates*, 1968.

Münch J.v. / Brodersen U., *Gesetze des NS-Staates,* 1982.

Neumann F., *Demokratischer und autoritärer Staat*, 1967.

Ostendorf H., Ter Veen H., *Das Nürnberger Juristenurteil*, 1984.

Ott H., *Laubhüttenfest,* 1994.

Pätzold K. / Weißbecker M., *Hakenkreuz und Totenkopf*, 1981.

Pédamon M., *Le Droit allemand,* 1985.

Pehle W.H. et al., *Der Judenpogrom 1938*, 1988.

Peters K. "Die Umgestaltung des Strafrechts in den Jahren 1933-1945", in *Deutsches Geistesleben und Nationalsozialismus*, 1965.

Petry C., *Studenten aufs Schafott-Die Weiße Rose*, 1968.

Plessner M., *Die verspätete Nation-Über die Verfügbarkeit bürgerlichen Geistes,* 1969.

Politzer G., *Contre le Nazisme,* 1984.

Radbruch G., *Der Mensch im Recht*, 1957.

Ramm T., "Nationalsozialismus und Arbeitsrecht", *in Der Unrechtsstaat*, 1979.

Reifner H., *Das Recht des Unrechtsstaates,* 1981.

Reifner H., "Juristen im NS", *ZRP*, 1983.

Reifner H, / Sonnen B.R., *Strafjustiz und Polizei im Dritten Reich,* 1983.

Reitter E., *Franz Gürtner-Politische Biographie eines deutschen Juristen,* 1976.

Ridder H., "Zur Verfassungsdoktrin des NS-Staates", *Krit. Just.*, 1969.

Ritter G., *Carl Goerdeler und die deutsche Widerstandsbewegung,* 1984.

Robinsohn H. , *Justiz als politische Verfolgung*, 1977.

Rothenberger C., "Die Stellung des Richters im Führerstaat", *Deutsche Justiz,* 1939. (*)

Rothenberger C., *Der deutsche Richter*, 1942. (*)

Rothfels H., "Promemoria eines bayrischen Richters zu den Nazi-Morden 1934", *VfZG* 5, 1957.

Rottleuthner H., *Recht, Rechtsphilosophie und NS*, 1983.

Rückert A., *Die Strafverfolgung von NS-Verbrechen*, 1979.

Rüter C.F., *Justiz und NS-Verbrechen,* 1968.

Rüthers B., *Die unbegrenzte Auslegung*, 1973.

Ryska F., *Der Staat des Ausnahmezustandes,* 1964.

Saelese C., *Angst, Belohnung, Zucht und Ordnung : Herrschaftsmechanismen im NS*, 1982.

Schäfer W., *Entwicklung und Struktur der Staatspartei des Dritten Reichs,* 1956.

Schätzle J., *Wir klagen an !* 1946.

Scheurig B., *Deutscher Widerstand*, 1969.

Schmitt C., *Staat, Bewegung, Volk : Der deutsche Staat der Gegenwart,* 1933. (*)

Schmitt C., *Positionen und Begriffe in Kampf mit Weimar, Genf, Versailles,* 1940. (*)

Schnabel R., *Macht ohne Moral,* 1957.

Schneider H., *Das Ermächtigungsgesetz*, 1961.

Schneider P., "Rechtssicherheit und richterliche Unabhängigkeit aus der Sicht des SD", *VfZG* 4, 1956.

Schneilin G., *Der Nationalsozialismus,* 1971.

Schoenbaum D., *Die braune Revolution,* 1980.

Scholl I., *Die Weiße Rose,* 1953.

Schönbrunn G., *Weltkriege und Revolutionen 1914-1945*, vol. 5, 1975.

Schorn H., *Der Richter im Dritten Reich,* 1959.

Schumann H.G., *NS und Gewerkschaftsbewegung*, 1958.

Schweling O. P. / Schwinge E., *Die deutsche Militärjustiz in der Zeit des NS,* 1978.

Shirer W., *Le Troisième Reich,* 1966.

Siebert F., *Von Frankfurt nach Bonn : Die deutschen Verfassungen,* 1958.

Smith B.F., *Der Jahrhundertprozeß*, 1977.

Sontheimer K., *Antidemokratisches Denken in der Weimarer Republik,* 1968.

Staff I., *Justiz im Dritten Reich*, 1978.

Stern J.P., "Der Geist des nationalsozialistischen Rechts", in *Hitler. Der Führer und das Volk,* 1981.

Stolleis M., *Germeinwohlformeln im NS*, 1974.

Stolleis M., "Die Rechtsordnung des NS-Staates", *Jur. Schul.* 9, 1982.

Strothmann D., "Unter dem Fallbeil der Zeit", *Die Zeit*, 7 janv. 1983.

Unterseher L., *Arbeitsvertrag und innerbetriebliche Herrschaft*, 1969.

Vocke A., *Grundrechte und NS,* 1938. (*)

Vogelsang T., *Der Nationalsozialismus*, 1968.

Vollmer B., *Volksopposition im Polizeistaat,* 1957.

Wadle E., "Das Ermächtigungsgesetz", *Jur. Schul.* 3 / 1983.

Wagner A., *Die Umgestaltung der Gerichtsverfassung und des Verfahrens- u. Richterrechts im NS-Staat*, 1968.

Wagner W., *Der Volksgerichtshof im NS-Staat,* 1974.

Walk J., *Das Sonderrecht für die Juden im NS-Staat*, 1981.

Weinkauff H. / Wagner A., *Die deutsche Justiz und der NS*, 1968.

Weisenborn G., *Der lautlose Aufstand,* 1953.

Wieacker F., *Zum heutigen Stand der Naturrechtsdiskussion*, 1965.

Wieacker F., *Privatrechtsgeschichte der Neuzeit*, 1967.

Wolf E., *Das Rechtsideal des Nationalsozialistischen Staates*, 1934. (*)

Zentner K. / Bedürftig F., *Das große Lexikon des Dritten Reiches*, 1985.

Zipfel E., *Gestapo und Sicherheitsdienst*, 1960.

INDEX DES NOMS CITÉS

L'initiale du prénom n'est mentionnée qu'en cas de confusion possible. Les noms signalés * renvoient à des auteurs ayant contribué à éclairer le phénomène nazi.

ANNEXES

Hilfe!!

Einer jungen Mutter droht das Henkerbeil

Am 22 Juni 1937 wird die 28 jährige Studentin
L I L O H E R R M A N N
vom Volksgerichshof zu Stuttgart wegen Hochverrat zum tode verurteilt. Wer ist LILO HERRMANN ? Sie stammt aus einer bürgerlichen, arischen Ingenieursfamilie. Schon früh ist sie eine eifrige Kämpferin für Frieden, Freiheit u. Recht. Nachdem sie Hochschülerin geworden ist, muss sie sich bald selbst ihr Brot verdienen, da sie unabhängig sein will. Tagsüber studiert sie Chemie, abends arbeitet sie in einer Fabrik, in den Ferien auch als Dienstmädchen. Nach Hitlers Machtantritt wird sie von der Universität relegiert. Ein Jahr darauf wird sie Mutter u. erlebt eine Zeit glükclicher Stundenin ihrem schweren Leben. Das kind ist ein Jahr, da wird ihm seine Mutter entrissen.
L I L O H E R R M A N wird verhaftet u. nach vielen Monaten Untersuchung Verhören u. Misshandlungen zum Tode verurteilt. Ihre Gesinnung, die sie auch in Haft u. vor Gericht nie verschwieg, ist der alleinige Grund ihrerverurteilung. DAS IST DAS ERSTE MAL IN DER DEUTSCHEN GESCHISCHTE, DASS EIN FRAU AUS REIN POLITISCHEN GRÜNDEN HINGERICHTET WERDEN SOLL. ! !

Der Fall L I L O H E R R M A N ist nur einer von vielen. Deutschlands beste Söhne – über 200 000 – sitzen in den Zuchthäusern und warten in den Todeszellen auf den Henker. Hunderttausende von Zuchthausjahren wurden in den 4 ersten Hitlerjahren über politische Gefangene verhängt, ungerechnet die unzähligen Schutzhaftjahre. Ohne Prozess, ohne Urteil werden unschuldig MIERENDORF, OSSIETZKY, PFARRER, NIMÖLLER, THÄLMANN, LITTEN und tausendeandere gefangen gehalten. Durch grausamste Folterungen u. Erniedrigungendurch regelrechte Aushungerung will man sie körperlich und geistig vernichten. Man ermordet nicht mehr nur die wehrlosen politischen Gefangenen bei den « Verhören » sondern lässt sie auch durch die legalen Gerichte wegen Hoch oder Landesverrat zum Tode verurteilen und hinrichten. 1936 fanden 9 solche Hinrichtungen statt, 1937 bis jetzt 22 und schon greift der Henker nach neuen Opfern.
Die Antifaschisten FÜNKF, STEIDLE, LOWATSCH, GÖRITSCH sollen die nächsten sein. DAS DARF NICHT GESCHEHEN.

In alle ländern protestieren hunderttausende aufrechte Mensen gegen diese Greuel und Kämpfen für die Befreiung der politische Gefangegen in Deutschland. Die grössten Geister der Menschheit, Menschen aller Berufe und Schischten, alle Massenorganisationen von Bedeutung streiten für die Rettung der besten Söhne des deutschen Volkes.
DIESER UNMENSCHLICHE TERROR IST EIN NICHT WIEDER GUT ZU MACHENDER SCHANDFLECK AUF DEM ANSEHEN DEUTSCHLANDS. WER DEUTSCHLAND LIEBT UND NICHT DULDEN WILL, DASS ES VERACHTET WIRD IN DER WELT, WER NOCH WAS FÜHLT FÜR RECHT u. MENSCHLICHKEIT, DER MUSS KÄMPFEN GEGEN DIESE MITTELALTERLICHEN ZUSTÄNDE -----------

Rettet die vom Beil bedrohten

Fallt dem Henker in den Arm!

Tracts du parti communiste allemand dénonçant les méthodes terroristes de la justice nazie

Nieder mit der faschistischen

KLASSENJUSTIZ!

Vor dem Altonaer Klassengericht stehen seit Wochen revol- onäre Arbeiter. Sie haben sich am 17. Juli 1932 gegen den Über der braunen Mordpest gewehrt! Das ist ihr „Verbrechen". diese ehrlichen Arbeiter will man mit Zuchthaus oder gar m dem Tode bestrafen! NEHMT IN ALLEN BETRIEBEN, STEMPELSTELLEN ETC. STELLUNG ZU DIESEM Terror! Entsendet Delegationen zur Justizbehörde!

HERAUS MIT UNSEREM Führer ERNST THÄLMANN und allen ANTIFASCHISTEN! Es lebe der Kampf des revolutionären PROLETARIATS! KPD, ALTONA

Tracts du parti communiste allemand dénonçant les méthodes terroristes de la justice nazie

ossische Zeitung

Berlin

. Nr 141 FREITAG, 24. MÄRZ 1933 MORGEN-AUSGABE

rmächtigungsgesetz beschlossen

Von allen Parteien gegen die Sozialdemokraten

tigungsgesetz zur Behebung der Not von Volk ird heute in Kraft treten. Die gesetzgebenden ben es gestern beschlossen, der Reichstag mit men der Reichsrat ohne Widerspruch. Es liegt ichspräsidenten vor, der es ausfertigt und verch es in Kraft tritt und der Regierung souveräne , nach einem Wort aus der gestrigen Regieng. Diese Regierungserklärung, vom Reichsgetragen, bedeutet ein weitausgreifendes Pron sachliche Würdigung im einzelnen hier nach

Die Sitzung des Reichstags war kurz, aber nicht ohne Spannung. Der Reichskanzler ließ der Verlesung der formulierten Erklärung eine Debatten-Rede folgen voll angreiferischen Geistes, zu der ihm die sozialdemokratische Erklärung den Anlaß gab, während die Zentrums-Erklärung auf der Regierungsseite Beifall fand. Zum Schluß wies Minister Göring als Abgeordneter falsche Meldungen von Auslandsblättern über die Zustände in Deutschland zurück.

Der Reichskanzler hielt nach der Sitzung eine kurze Ansprache an die Volksmenge vor der Kroll-Oper, in der er betonte, daß jetzt die Arbeit für Deutschlands Befreiung beginne.

Die Rede des Kanzlers

Dem geschichtlichen Ereignis des Tages, der Programmerklärung der Regierung Hitler im Reichstag, geht eine kurze Ouvertüre voraus, die der nationalsozialistische Abgeordnete Stöhr als Berichterstatter des Geschäftsordnungsausschusses dirigiert: Die vorgeschlagene Änderung der Geschäftsordnung, die jetzt Anwesenheitszwang vorschreibt, um eine Obstruktion unmöglich zu machen, wird, ohne daß eine Aussprache eingeleitet worden wäre, en bloc angenommen, die Entlassung der noch in Schutzhaft befindlichen sozialdemokratischen Abgeordneten abgelehnt (inzwischen vernimmt man, daß der frühere Reichsminister Abg. Severing, als e

Manchette de presse annonçant la remise des pleins pouvoirs à Hitler par la séance parlementaire du 23 mars 1933 oder Mitgefangene hierzu anstiftet oder verleitet.

2. wer auslaufenden Wäschepaketen verbotene oder im Lager hergestellte Gegenstände beifügt, darin versteckt oder in Wäschestücke etc. einnäht,
3. wer in Unterkünften, Aborten und an feuergefährlichen Orten raucht oder feuergefährliche Gegenstände an solchen Orten aufbewahrt oder niederlegt.

§ 8.

Mit 14 Tagen strengem Arrest und mit 25 Stockhieben zu Beginn und am Ende der Strafe werden bestraft:

1. wer sich unbefugt einer ausmarschierenden Arbeitskolonne anschliesst,
2. wer sich in Briefen oder sonstigen Mitteilungen abfällige Bemerkungen über nationalsozialistische Führer, über Staat und Regierung, Behörden und Einrichtungen zum Staat und Regierung. Behör- Ausdruck bringt, marxistische oder liberalistische Führer oder Novemberparteien verherrlicht, Vorgänge im Konzentrationslager mitteilt, oder in Briefen wider besseres Wissen seine Unschuld beteuert und damit Unruhe in die Oeffentlichkeit trägt,
3. wer verbotene Gegenstände, Werkzeuge, Hieb- und Stosswaffen in das Lager schmuggelt oder hier anfertigt und versteckt hält, oder wer als Mitgefangener hiervon Kenntnis hat und keine Meldung erstattet.

§ 9.

Mit 21 Tagen strengem Arrest wird bestraft:

wer staatseigene Gegenstände, gleich welcher Art, vom vorgeschriebenen Ort nach einem anderen verschleppt, vorsätzlich beschädigt, zerstört, verschleudert, umarbeitet oder zu einem anderen als vorgeschriebenen Zweck verwendet; abgesehen von der Strafe haftet nach Umständen der Einzelne oder die gesamte Station für den entstandenen Schaden.

§ 10.

Mit 42 Tagen strengem Arrest oder dauernder Verwahrung in Einzelhaft wird bestraft:

1. wer Geldbeträge im Lager ansammelt, verbotene Bestrebungen in- oder ausserhalb des Lagers finanziert, oder Mitgefangene durch Geld gefügig macht oder zum Schweigen verpflichtet,
2. wer Geldbeträge, die aus verbotenen Sammlungen der Roten Hilfe oder anderen Verbänder stammen, sich schicken lässt oder an Mitgefangene verteilt,
3. wer einem Geistlichen Mitteilungen macht, welche ausserhalb des Rahmens der Seelsorge liegen, Briefe oder Mitteilungen zur Weitergabe zusteckt, den Geistlichen zu verbotenen Zwecken zu gewinnen sucht.

§ 11.

Wer im Lager, an der Arbeitsstelle, in den Unterkünften, in Küchen und Werkstätten, Aborten und Ruheplätzen zum Zwecke der Aufwiegelung politisiert, aufreizende Reden hält, sich mit anderen zu diesem Zwecke zusammenfindet, Cliquen bildet oder Nachrichten zum Zwecke der gegnerischen Greuelpropaganda über das Konzentrationslager oder dessen Einrichtungen sammelt, empfängt, vergräbt, weiter erzählt, an fremde Besucher oder an andere weitergibt, mittels Kassiber oder auf andere Weise aus dem Lager hinausschmuggelt, Entlassenen oder Ueberstellten schriftlich oder mündlich mitgibt, in Kleidungsstücken oder anderen Steine usw. über die Lagermauer wirft oder Geheimschriften anfertigt, durch Lichtsignale oder auf andere Weise Zeichen gibt, oder nach aussen Verbindung sucht, oder wer andere zur Flucht oder zu einem Verbrechen verleitet, hierzu Ratschläge erteilt, oder durch andere Mittel unterstützt, wird

Kraft revolutionären Rechts . . Aufwiegler aufgehängt!

§ 12.

Wer einen Posten oder SS-Mann tätlich angreift, zum Zwecke der Meuterei den Gehorsam oder an der Arbeitsstelle die Arbeit verweigert, andere zu dem gleichen Taten auffordert oder verleitet, als Meuterer eineMarschkolonne oder eine Arbeitsstätte verlässt, andere dazu auffordert, während des Marsches oder der Arbeit johlt, hetzt, oder Ansprachen hält, wird als

Meuterer auf der Stelle erschossen oder nachträglich erhängt.

§ 13.

Wer vorsätzlich in der Station, in den Unterkünften, Werkstätten, Arbeitsstätten, Kesselanlagen, Küchen, Magazinen usw. einen Brand, Explosion, Wasser- oder sonstigen Sachschaden herbeiführt, ferner wer an einer Starkstromleitung, in einer Schaltstation, an Fernsprech- oder Wasserleitung, an der Alarmanlage oder sonstigen Sicherungseinrichtungen, an Maschinen oder Kraftfahrzeugen Handlungen vornimmt, die dem gegebenen Auftrag nicht entsprechen, wird wegen Sabotage

mit dem Tode bestraft.

Geschah die Handlung aus Fahrlässigkeit, dann wird der Schuldige in Einzelhaft verwahrt.

§ 14.

Wer einem SS-Mann oder Posten Geschenke anbietet, ihn mit Geschenken, Geld oder anderen Mitteln zu gewinnen sucht, Handlungen zum Zwecke der Zersetzung der SS-Truppe vornimmt, in Gegenwart eines Postens oder SS-Mannes politische Gespräche anknüpft, den Marxismus bezw. eine andere Novemberpartei oder deren Führer verherrlicht., abfällige Bemerkungen über die SS, SA, den nationalsozialistischen Staat, seinen Führer und seine Einrichtungen macht, oder sich sonst widerspenstig zeigt, ferner wer im Lager verbotene Gegenstände zum Zwecke des Kassiberschmuggels oder zu Angriffszwecken herstellt oder an andere weitergibt, wird wegen Gemeingefährlichkeit dauernd in Einzelhaft verwahrt. Eine Entlassung für solche Personen kommt nicht in Frage.

§ 15.

Wer sich wiederholt vor der Arbeit drückt, trotz vorhergehender Verwarnung den Appellen zur Arbeitseinteilung oder den Zählappellen fernbleibt, sich dauernd ohne Grund zum Arzt oder Zahnarzt meldet, körperliche Leiden oder Gebrechen vorschützt, nicht ausrückt, dauernd faul und träge sich benimmt, Ordnung und Disziplin ausser Acht lässt, wegen seiner Kleidung wiederholt beanstandet wurde, anstössige Briefe schreibt, Mitgefangene bestiehlt, schlägt, wegen ihrer Gesinnung schikaniert, verspottet oder lächerlich macht, wird wegen Unverbesserlichkeit mit dauernder Strafarbeit, mit Arrest, mit Strafexerzieren oder mit Prügel bestraft.

§ 16.

Wer nach Eintritt des Zapfenstreichs sich ausserhalb seiner Unterkunft bewegt, mit anderen einen Haufen bildet, auf die Aufforderung eines SS-Mannes nicht sofort auseinandergeht, nach Eintritt des Alarms nicht sofort seine Unterkunft aufsucht oder während der Dauer des Alarms die Station verlässt oder die Fenster öffnet,

wird vom nächststehenden SS-Mann oder Posten beschossen.

§ 17.

Wer verbotene Gegenstände (Werkzeuge, Messer, Feilen usw.) mit sich führt oder unbefugt Zivilkleidung trägt, kann wegen Fluchtverdachts in Einzelhaft verwahrt werden.

§ 18.

Wer als Stubenältester, als Vorarbeiter oder als Gefangener von dem Vorhaben oder Verdacht einer Aufwiegelung, Meuterei, Sabotage oder sonstigen strafbaren Handlung Kenntnis erhält, wird, falls er seine Kenntnis nicht sofort zur Meldung bringt, als Täter bestraft. Der Anzeigende wird wegen Erstattung einer falschen Meldung nicht zur Verantwortung gezogen, wenn er durch besondere Umstände getäuscht worde ist.

§ 19.

Arrest wird in einer Zelle bei hartem Lager, bei Wasser und Brot vollstreckt. Jeden 4. Tag erhält der Häftling warmes Essen.

Strafarbeit umfasst harte körperliche oder besonders schmutzige Arbeit, die unter besonderer Aufsicht durchgeführt wird. Als Nebenstrafen kommen in Betracht: Strafexerzieren, Prügelstrafe, Postsperre, Kostentzug, hartes Lager, Pfahlbinden, Verweis und Verwarnungen. Sämtliche Strafen werden aktlich vermerkt. Arrest und Strafarbeit verlängern die Schutzhaft um mindestens 8 Wochen, eine verhängte Nebenstrafe verlängert die Schutzhaft um mind. 4 Wochen. Strafweise in Einzelhaft verwahrte Häftlinge kommen in absehbarer Zeit nicht zur Entlassung.

Der Lagerkommandant. I. A. gez. Eicke,
SS-Brigadeführer u. Inspekteur der Konz-Lager.

Fragment du règlement du camp de concentration de Lichtenburg ouvert au printemps 1933 dans la région de Leipzig et diffusé sous forme de tract par les antifascistes en décembre 1935

Die Wahrheit über den Reichstagsbrand

Lesen und weitergeben! **Flugblatt der KPD**

Die Justizkomödie in Leipzig zeigt das wahre Gesicht des Hitler-Faschismus!

Welches sind die Tatsachen?

1. Noch während des Reichstagsbrandes, als Lubbe noch nicht einmal vernommen war, erklärte **H i t l e r** die Brandstiftung als „Werk der Kommunisten". Bezeichnenderweise waren für diese Tage, an denen die große Provokation gegen den Kommunismus geplant war, die Wahlversammlungstournees von Hitler, Göring und Göbbels von Versammlungen freigelassen worden, damit sie in Berlin sein und die Bluthetze gegen den Kommunismus leiten konnten.

2. Van der Lubbe erklärte nach seiner Verhaftung vor dem vernehmenden Richter, daß er in Deutschland keine Verbindung mit Kommunisten gehabt habe. Der vernehmende Richter des Reichsgerichts weigerte sich, diese Aussage Lubbes ins Protokoll aufzunehmen. Erst als die anwesende Dolmetscherin der holländischen Gesandtschaft sich weigerte, ein solches Protokoll zu unterschreiben, mußte diese Erklärung Lubbes ins Protokoll aufgenommen werden. Lubbe wurde im Jahre 1929 aus der kommunistischen Partei Hollands als Provokateur ausgeschlossen.

3. Lubbe war im Jahre 1932 in Sachsen und stand in Sörnewitz mit Nazi-Parteianhängern in Verbindung.

4. Entgegen den Mitteilungen der Nazipresse fanden am Tage des Reichstagsbrandes keinerlei Sitzungen der kommunistischen Reichstagsfraktion oder auch nur eines Teiles der kommunistischen Fraktionsmitglieder statt.

5. Genosse Torgler befand sich am Tage des Reichstagsbrandes abends 8 Uhr im Restaurant Aschinger zum Abendessen und war auch noch um 10 Uhr, zur Zeit des Reichstagsbrandes, da. Erst später erhielt er vom Brand Kenntnis. Wie lächerlich die „Beweise" des faschistischen Gerichts gegen Torgler sind, zeigt die Tatsache, daß in der Anklageschrift gesagt wird, Torgler sei im Jahre 1923 Mitglied der Kommission für Feuerlöschwesen in Lichtenberg gewesen und habe Kenntnisse in Brandsachen.

6. Vor Ausbruch des Brandes machte bezeichnender Weise jener Inspektor des Reichstags, der der NSDAP angehört, selbst den Rundgang durch das Reichstagsgebäude und schloß die Räume ab. Dies besorgten sonst andere Beamte. Dieser Nazi-Inspektor war auch im Besitze des Schlüssels zum Heizungsgange der von der Wohnung des Reichstagspräs. Göring zum Reichstagsgebäude führt.

7. Die vom Untersuchungsrichter vernommenen Beamten des Reichstags sagten übereinstimmend aus, daß kein Mann, der Lubbe gleicht, die Portale des Reichstags passiert habe.

8. Der Leiter des Feuerwehrkommandos, der die Löscharbeiten leitete, erklärte, daß ungefähr an 27 Punkten im Reichstag Brandherde angelegt worden seien und daß nur Leute mit Fachkenntnissen diese Brandstiftung durchgeführt haben können. Er erklärte weiter, daß die für die Löschung des Feuers wichtigen Räume abgeschlossen waren. In den Räumen der kommunistischen Reichstagsfraktion seien keinerlei Anhaltspunkte für die Brandstiftung festgestellt worden. Dieser Branddirektor, dessen Aufgabe es war, noch während des Brandes dessen Ursachen zu prüfen und der diese Feststellungen zu Protokoll gab, wurde von seinem Posten entlassen und ist nicht aufzufinden.

9. Der führende Funktionär der NSDAP, Bell, der bei zahlreichen Fememorden der Nazis beteiligt war, erschien kurz nach dem Reichstagsbrand im Gebäude des Vorwärts und erklärte, er wolle einen verantwortlichen Funktionär sprechen, um Beweismaterial darüber mitzuteilen, daß Mitglieder der NSDAP den Reichsag in Brand gesteckt haben. Freunden gegenüber hatte Bell wenige Tage vor dem Reichstagsbrande erklärt, es werde am Montag im Reichstag zu einer sehr großen Sache kommen. Auf Grund dieser Mitteilungen wurde Bell von SA-Leuten verfolgt. Er überschritt die deutsch-österreichische Grenze und wurde dort von SA-Leuten, die mit dem Auto aus Deutschland gekommen waren, erschossen.

10. Staatssekretär Plank erklärte eine Woche vor dem Reichstagsbrand, es sei ihm bekannt geworden, daß die Nationalsozialisten vor den Wahlen eine große Provokation, wahrscheinlich ein Attentat gegen Hitler planten, um eine Progromstimmung gegen Kommunisten zu erzeugen.

11. Um die Entlarvung der wahren Brandstifter und faschistischen Provokateure zu verhindern, hat der Leiter der geheimen Staatspolizei in Berlin, Staatsanwaltschaftsrat Dr. Mittelsbach, jene Rechtsanwälte, die bereit waren, den Genossen Torgler zu verteidigen, zu sich geladen und sie darauf aufmerksam gemacht, daß die Verteidigung Torglers als kommunistische Betätigung betrachtet würde und drohte mit Ausstoßung aus der Anwaltskammer.

12. Gegen den Genossen Dimitrow wird die Anklage wegen Teilnahme an der Brandstiftung erhoben, obwohl Genosse Dimitrow, einer der Führer der bulgarischen revolutionären Gewerkschaftsbewegung, der langjährige Generalsekretär der Gewerkschaften Bulgariens, in diesen Tagen nicht in Berlin, sondern in München weilte.

13. Die Angeklagten werden nicht nur dauernd seelisch und physisch gefoltert, sondern ihnen ist jede Vorbereitungsmöglichkeit für ihre Verteidigung genommen. Sie können keine Zeugen laden, weil jeder Zeuge gewärtig sein muß, von den Faschisten ermordet zu werden.

14. Dem bulgarischen Rechtsanwalt Detschef wurde die Sprecherlaubnis mit dem bulgarischen Genossen verweigert, und die Zulassung eines ausländischen Rechtsanwalts für die Verteidigung der bulgarischen Revolutionäre abgelehnt. Das ist die freie „Verteidigerwahl" von der der faschistische Oberreichsanwalt spricht.

15. Wer hatte in Wirklichkeit als einziger ein Interesse am Reichstagsbrand? Nur der Bluthund Göring, der diesen Reichstagsbrand brauchte zum Blutterror gegen die Kommunisten und die revolutionäre Arbeiterschaft. Weil die kämpfende Einheitsfront der Arbeiter gegen den faschistischen Terror immer stärker wurde, deshalb sollte die KPD als „Verbrecherin" diskreditiert werden.

In Leipzig zeigt sich das wahre Gesicht der NSDAP. Nicht auf dem Nürnberger Parteitag, sondern vor dem faschistischen Reichsgericht in Leipzig können die Werktätigen die wahre Politik der faschistischen Kapitalsknechte sehen! Die wirklichen Angeklagten, das sind die Hitler, Göring und Göbbels.

Der Bluthund Göring hat durch die Abschlachtung der vier Antifaschisten in Hamburg, durch die zehn Todesurteile in Düsseldorf und die zwei Todesurteile in Königsberg die Urteile der faschistischen Blutjustiz vorbereitet.

Arbeiter, Arbeiterinnen, Werktätige! Verbreitet überall die Wahrheit über den Reichstagsbrand. Schleudert überall der NSDAP die Anklage ins Gesicht: Die NSDAP ist die Partei des Arbeitermordes, der Brandstiftung, der Aushungerung der Werktätigen der Kriegsrüstungen. Kämpft für die Freilassung des Führers des revolutionären Proletariats: Ernst Thälmann!

Heraus mit Torgler, Dimitrow und allen politischen Gefangenen!

Heraus zu Massendemonstrationen und Proteststreiks gegen die faschistische Galgenherrschaft.

Vorwärts in der sozialistischen Freiheitsaktion zum Sturze der faschistischen Diktatur, zum siegreichen Kampfe für die Diktatur des Proletariats, für den Sozialismus.

"La vérité sur l'incendie de Reichstag". Tract communiste de septembre 1933

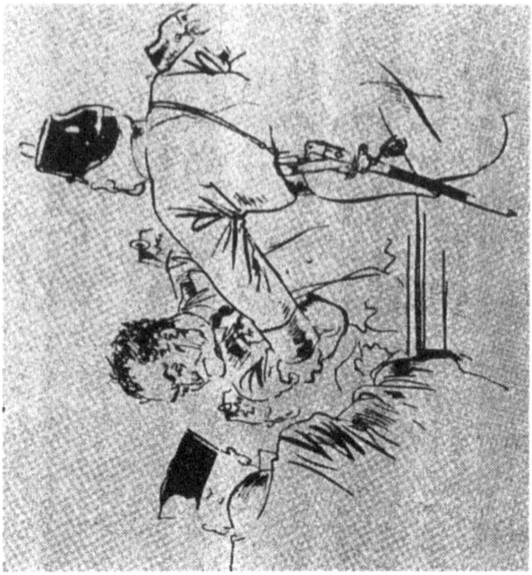

G. Dimitrov devant la cour suprême
de Leipzig, (dessin de presse).

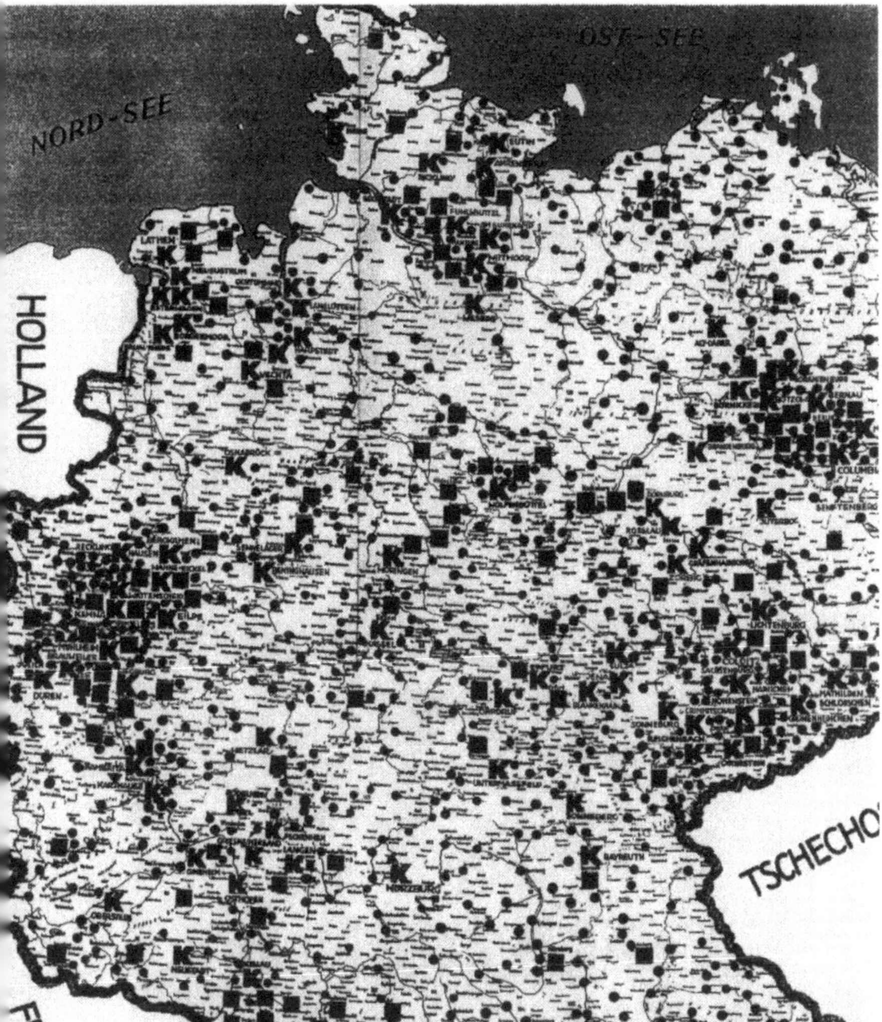

Fragment d'une carte des camps de concentration et des établissements de détention diffusée par les antifascistes lors des jeux olympiques de Berlin en août 1936.

Brochure est-allemande de juillet 1960 dénonçant le rôle joué par le juriste H. Globke dans la persécution des juifs

Dans son magnifique ouvrage *Fête des Tabernacle* paru en 1994, le professeur H. Ott de Fribourg dénonce la trahison par M. Heidegger de ses maîtres juifs, le mathématicien A. Loewy et le philosophe E. Husserl.

Étudiants de la "Rose blanche" : Hans Scholl, Sophie Scholl, Christoph Probst.

Le juge Roland Freisher, président de la cour de justice de la communauté raciale populaire.

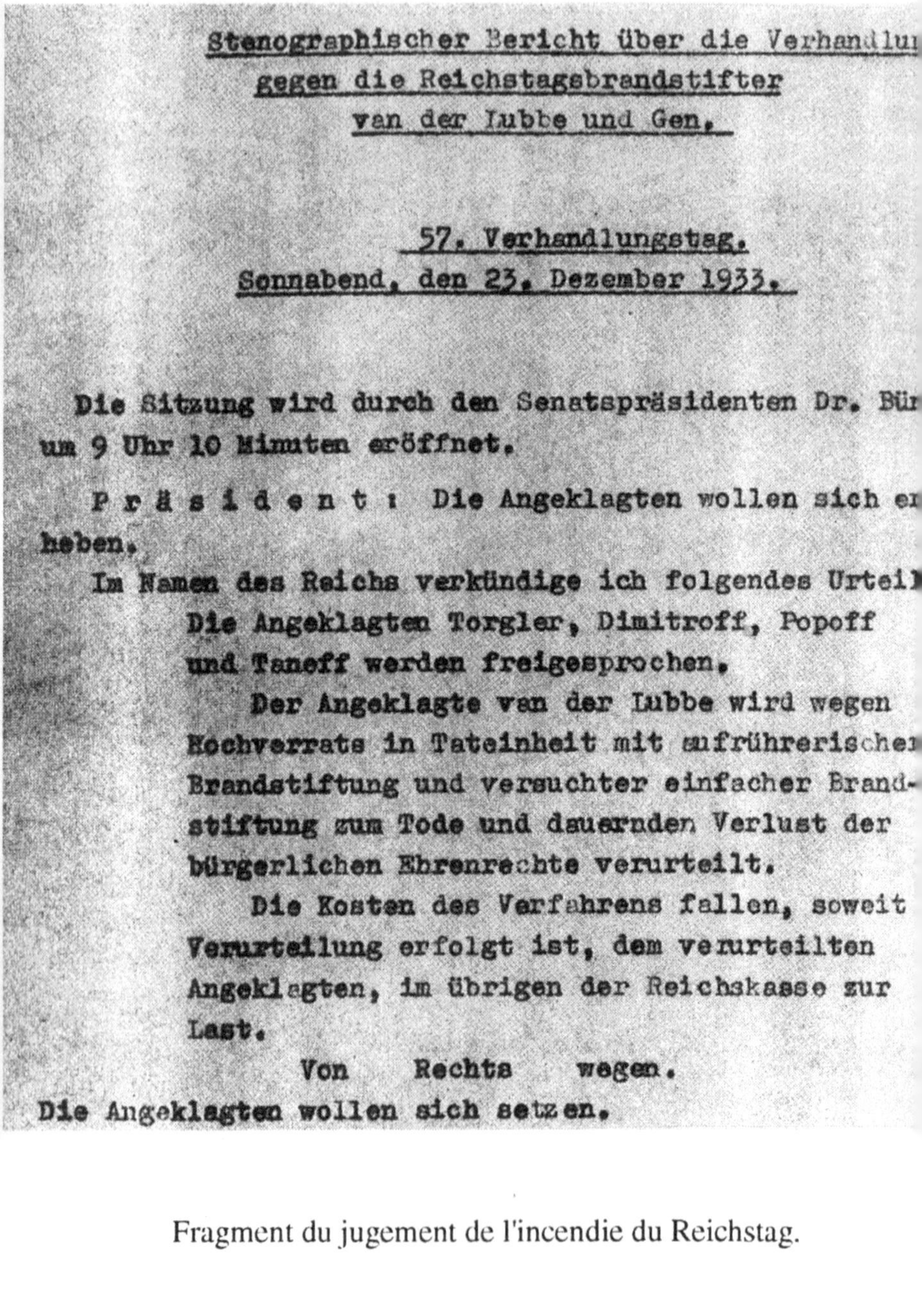

Stenographischer Bericht über die Verhandlu
gegen die Reichstagsbrandstifter
van der Lubbe und Gen.

57. Verhandlungstag.
Sonnabend, den 23. Dezember 1933.

Die Sitzung wird durch den Senatspräsidenten Dr. Bür
um 9 Uhr 10 Minuten eröffnet.

P r ä s i d e n t : Die Angeklagten wollen sich er
heben.

Im Namen des Reichs verkündige ich folgendes Urteil

Die Angeklagten Torgler, Dimitroff, Popoff und Taneff werden freigesprochen.

Der Angeklagte van der Lubbe wird wegen Hochverrats in Tateinheit mit aufrührerischer Brandstiftung und versuchter einfacher Brandstiftung zum Tode und dauernden Verlust der bürgerlichen Ehrenrechte verurteilt.

Die Kosten des Verfahrens fallen, soweit Verurteilung erfolgt ist, dem verurteilten Angeklagten, im übrigen der Reichskasse zur Last.

Von Rechts wegen.

Die Angeklagten wollen sich setzen.

Fragment du jugement de l'incendie du Reichstag.

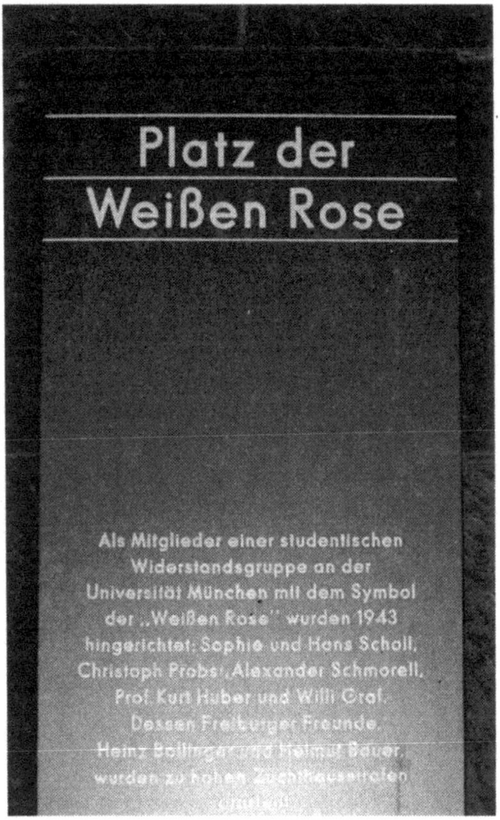

Place de la "Rose blanche" sur le campus de l'université de Fribourg en Brisgau.

Table des matières